BERENICE

A AVÓ DE SI MESMA

editora Peirópolis 30 anos

Dados Internacionais de Catalogação na Publicação (CIP) de acordo com ISBD

M663b Mindlin, Betty

Berenice: a avó de si mesma / Betty Mindlin. - São Paulo : Peirópolis, 2025.
116 p. ; 17,5cm x 22cm.

ISBN: 978-65-5931-400-3

1. Literatura brasileira. 2. Memória. 3. Infância. 4. Leitura. 5. Bibliofilia. I. Título.

2025-2678 CDD 869.8992
CDU 821.134.3(81)

Elaborado por Odilio Hilario Moreira Junior - CRB-8/9949

Índice para catálogo sistemático:

1. Literatura brasileira 869.8992
2. Literatura brasileira 821.134.3(81)

Editado conforme o Acordo Ortográfico da Língua Portuguesa de 1990.
Disponível em ebook (ISBN 978-65-5931-409-6)

1ª edição, 2025
Editora Peirópolis Ltda.
Rua Girassol, 310f – Vila Madalena
05433-000 – São Paulo – SP – Brasil
Tel.: (55 11) 3816-0699
vendas@editorapeiropolis.com.br
www.editorapeiropolis.com.br

FSC
www.fsc.org
MISTO
Papel | Apoiando o manejo florestal responsável
FSC® C044162

BERENICE A AVÓ DE SI MESMA

Fábula familiar

Betty Mindlin

editora Peirópolis 30 anos

Editora
Renata Farhat Borges

Editora assistente
Ana Carolina Carvalho

Projeto gráfico e ilustrações
Diana Mindlin e Lucia Mindlin Loeb

Revisão
Mineo Takatama

Ah, se Guita e José a lessem! Iriam pôr no colo?
Para Manu, Inês, Olivia, Heitor, Lior, Bernardo
Para Nicolau, padrinho de Berenice
Para Sérgio reconhecer Berenice e seu trenzinho
Para Sônia conviver com Berenice e fazer seus tempos coincidirem
Para Diana, Lucia, Renata e Lili, as Artistas e Escritoras Mães de Berenice
Para Rony, sempre, o Avô da Avó de Si Mesma

I

Berenice era uma boneca, mas era também uma menina. Não nascera de pai e mãe. Sua mãe menina é que a fizera, de pano, pois gostava de costurar. Com um tecido de chita preta, tufos de algodão como recheio, confeccionou-a – isto é, deu-lhe vida – soprando, soprando. Berenice tinha o tamanho de uma mão adulta aberta. Seus cabelos cor da noite, feitos de linha brilhante; os olhos negros de lã pareciam jabuticabas. Linda boquinha vermelha, nariz, corpinho esbelto. Logo aprendeu a falar, sem as pílulas do Dr. Falante, como as dos livros de Monteiro Lobato.

Nhãnhã, a mãe de Berenice, era apaixonada por ela. Fazia-lhe roupas lindas, que trocava a toda hora. Tinha outras bonecas, de louça, estrangeiras, com olhos que se mexiam, elegantes, grandes e pequenas. Mas nenhuma falava, nenhuma de carne de sua carne, ou seja, pano de sua caixa de costura. Nhãnhã se enternecia quando pegava nela.

Berenice nascera de suas mãos, mas dizia-se também que seu berço ou maternidade vinham das raízes retorcidas de uma imensa casuarina do jardim. Perto do chão, o tronco grosso tinha cavidades que poderiam muito bem embalar um nenê. Só que Berenice já surgira de um só tamanho, ninguém a vira crescer. Era ela mesma, nem adulta nem criança.

Morava temporadas na sua floresta, composta por arbustos rasteiros, de meio metro de altura, no jardim da casa térrea de sua mãe. A selva intrincada de plantas ficava próxima das casuarinas; além do seu escuro misterioso estendia-se um gramado, uma clara planície, de onde Berenice avistava árvores gigantescas se comparadas à sua estatura diminuta. Quando a mãe lhe falava de montanhas como a Bocaina ou os Andes, Berenice imaginava que seriam parecidas com essa paisagem. Fonte de espanto para ela, cujo sonho era alçar-se aos galhos distantes e de lá avistar a terra. Na mata rasteira, porém, podia estudar os animais, formigas, besouros, montar alguma lagartixa, fugir, mas também fazer amizade com o monstro-cachorrinha Sapeca, pretinha como noite sem lua, brilhante como estrelas, que a respeitava e a lambia com carinho.

Dentro de casa, Berenice tinha um berço azul-claro, com rodas de borracha, coberto por um mosquiteiro de renda branca, com lençóis de linho, um travesseirinho de alfazema – um brinco! Sua mãe dormia com o bercinho perto do travesseiro; já ao acordar, as duas arquitetavam os planos do dia. Quando fazia muito frio, no inverno, a mãe enfiava uma gélida Berenice debaixo do cobertor. Não bem um cobertor, mas um chambre de pelo de camelo que fora do avô paterno de Nhãnhã. As duas conversavam toda noite em voz alta com esse agasalho aconchegante, como se fosse uma pessoa, o próprio avô, um conselheiro e confidente. Às vezes, falavam até em inglês, que andavam aprendendo juntas. Esse avô, Nhãnhã não o conhecera; tinha morrido moço, atropelado por um ônibus, pouco depois do casamento de seus pais. Mas devia ter sido um homem impressionante, e para Nhãnhã um herói. Artista, gostava de quadros e livros e, segundo ela ouvia na família, estava sempre entusiasmado, como se pegasse fogo ao contato com os outros. Não havia ninguém melhor para ouvir as reflexões da menina e sua boneca. Enquanto a mãe ia para a escola, Berenice ficava em casa, brincando no jardim, se não chovesse, ou lendo livrinhos e ouvindo música. Um dia ou outro, abrigava-se na pasta da mãe, entre os cadernos; acompanhava as aulas, aprendia, conhecia bem as professoras. Muito boa de matemática, adorava história do mundo e virou uma boneca muito sabida.

II

Quando Berenice fez um ano, a mãe resolveu que ela tinha maturidade suficiente para tornar-se rainha ou governante de uma cidade, que deveria ser fundada. Esta, uma das obsessões da menina-mãe: um início, uma nação perfeita, nova, sem desigualdades, o reino ideal. Roma fora fundada onde só havia o vazio. Rômulo e Remo, gêmeos recém-nascidos abandonados sozinhos à própria sorte, criados por uma loba, haviam do nada construído seu domínio, para onde migravam os que não tinham propriedade ou trabalho, nem sabiam como sobreviver. Berenice seria a dona de um país sem pobreza, só liberdade, sonho mirífico.

A avó de Berenice, mãe de Nhãnhã, Vovó Henriqueta, de quem Berenice puxara pencas volumosas de cachinhos ou trancinhas, pôs-se a forjar com a filha como seriam as casas e o espaço dos súditos da rainhazinha. Deu só as primeiras imagens, e em seguida, Berenice e a mãe, com suas próprias habilidades, povoaram com a cidade nascente um quarto da casa, então vago. Tempos depois, o quarto seria da mãe de Berenice e bem, bem depois, de uma irmãzinha temporã de Nhãnhã. Mas, nessa época, o tio e a tia de Berenice, e sua mãe, a mais velha dos três, dormiam juntos, felizes, com muito lugar para brincar. Assim, uma vasta planície inabitada ficou à disposição da Rainha.

A sugestão de Vovó Henriqueta foi construir as casas com cartolina. Berenice e a mãe foram sozinhas à papelaria, a umas cinco quadras de onde moravam. Adoravam caminhar pelo bairro, relacionar-se com os vendedores, escolher, pagar, ter dinheiro de verdade, independentes. Compraram muitas folhas, tantas quantas aguentavam carregar, régua, tesoura, lápis pretos e de cor, cola, e voltaram muito lampeiras.

As obras levaram muitos e muitos dias para ficarem prontas. Desenharam os contornos das casas na cartolina, calculando como paredes e esteios seriam colados. Os telhados, inclinados, pintados, dobrados, sempre com tiras previstas para a junção. Pronta a planta, a tesoura cumpria na grossa matéria-prima o seu papel: cortava e cortava, os restos do papelão jogados fora. Com ajuda da cola, as habitações ficaram prontas. Foram dispostas em círculo, em volta de um vasto pátio central. De estilos diferentes, mas quase todas tinham um terraço na frente, para o qual dava a porta principal. Janelas multicores abriam-se para a praça ou para os corredores, garantindo muita luz dentro da casa. A cidade ocupou o chão inteiro; não caberiam cama, escrivaninha, mesas ou cadeiras dos três irmãos ali. No território de Berenice, invasores humanos não poderiam acumular móveis ou bens quaisquer.

Aos poucos, o povoamento começou. Chegaram bonequinhas, bichos de porcelana ou de pano, figuras pequenas, soldados de prata ou de chumbo, zoológico e animais de criação, muita gente mirim adquirindo vida. Havia uma arca de Noé – uma embarcação coberta de palha, com casais de todas as espécies, feitos de madeira e coloridos. A navegação acontecia em uma banheira velha, que fazia as vezes de terra inundada – a água posta para secar periodicamente para representar o fim do dilúvio.

Havia mobília de madeira dentro de cada moradia, um burburinho tomou conta do núcleo urbano. A casa de Berenice era a mais bonita, a maior, a mais alta. Que orgulho ela tinha da ampla varanda, do alto pé-direito dos cômodos, dos tapetes e louça, todos de tamanho compatível com o seu!

Danças, conversas, namoros foram acontecendo. Crianças e bichinhos nasceram, fazendo a alegria de todos.

Berenice pensou então em se casar. A Rainha continuaria a ser ela, decidindo o que se faria na cidade. Queria ter companhia. Convocada, sua mãe voltou à costura. O pretendente, não tão bonito quanto a noiva, porque a Criadora estava com preguiça e pressa, ficou da cor do pano disponível, pouco maior que Berenice. A festa foi de conto de fadas: mesas atulhadas de doces, sucos, vinhos, bolo em forma de carruagem, comidas refinadas, música ao vivo. O vestido de Berenice brilhava, iluminando hóspedes, à luz de velas e fogueiras.

Para as convidadas, as moradoras do país berenicense, a menina-mãe costurou os trajes que cada uma inventava e lhe pedia. Para as mais queridas, fez um vestido da cor do mar com todos os peixinhos, baleias e tubarões; outro da cor do céu, com estrelas que se moviam, lua cheia e trinar dos grilos; um, da cor dos violões, com acordes e som de vozes em todos os ritmos; uma roupa de cigana, saia rodada, que fazia dançar e enlouquecer; fantasias de todos os tempos, medievais, de odaliscas e princesas, indígenas de corpo pintado substituindo roupas, balançando brincos de conchas e colares de tucumã. Parecia uma enciclopédia mundial de vestimentas para vestir e despir. Berenice, a mais linda, com suas rendas, véu comprido. Seus avós foram convidados e ficaram de olhos arregalados.

Os dias foram ficando cada vez mais animados e alegres. Não havia muitas brigas, todos tinham mais ou menos as mesmas posses. Não se sabe por que, então, em dado momento, a Rainha Berenice achou que sua cidade precisaria de prisão, para quando surgissem ladrões ou bandidos perigosos. É que ela ganhara uma bolsa de contas, em formato octogonal, dura, que mais parecia casa que sacola, com as paredes semelhantes a grades vermelhas. Através de suas colunas, dava para ver o que se passava dentro dela. Virou cadeia, fincada atrás da roda de casas. Surgiram alguns infratores. Berenice resolveu que a porta da cadeia permaneceria aberta, para que os presos ocasionais fossem persuadidos sem coação a comportar-se bem e a conviver em paz com os berenicenses.

(Muitos anos depois, Berenice pensou: que impulsos malvados esses que, em meio a tanta harmonia, haviam-na feito inventar punição e transgressão? Uma ocasião em que se debruçou muito sobre o assunto. Quando sua mãe cresceu, deixou-a morando em uma gaveta, porque faltavam tardes compridas para ficar junto com ela, tinha outros afazeres e interesses. Berenice lá ficou, quase dormindo, certa de que se tratava apenas de um período de descanso. Reinar havia lhe dado muito trabalho, queria ficar sossegada. De vez em quando, a mãe abria a gaveta, para ver se tudo estava bem. Um belo dia, a mãe carregou-a para suas viagens às terras indígenas. Outra vez ficaram grudadas, como na infância.

Na aldeia, Berenice lembrou-se de seus tempos de governante. Como os indígenas, ela sempre procurara agradar aos governados, dar presentes a todos, ter a aprovação de seus atos, criar um clima de contentamento. Amiga dos indígenas, percebeu que os chefes queriam sempre oferecer mimos, pouco guardavam para si. Ela distribuiu miçangas, facas, roupas, e poucas horas depois viu tudo o que dera para o líder nas mãos de pessoas das outras casas – ele se desfizera das riquezas para alegrar os parentes. Como Berenice contava muito sobre sua cidade e a metrópole da mãe, ouvia muitas perguntas. Os indígenas ficaram escandalizados de saber que existiam prisões – e ela nem sequer chegou a contar como eram terríveis as dos "humanos urbanos"! Aí é que ela ficou com muita vergonha da sua invenção da época de sua mãe criança. Mas isso aconteceu muito depois da nossa história.)

III

Berenice costumava ler os mesmos livros de sua mãe, acompanhando as páginas com imensa curiosidade. Elas não distinguiam os livros de criança dos de adulto. Haveria livros de boneca? A mãe uma criança? E Berenice, casada, até rainha? É verdade que ela não dava muita bola para o marido, um príncipe consorte, ficava mais em companhia da mãe. Tinham as duas navegado pela floresta amazônica a bordo de *A jangada*, de Júlio Verne, respingando-se das águas dos rios caudalosos. Daí iam atrás de outros escritores, horas sem fim. Procuravam livros nos catálogos, como o das Edições Melhoramentos, atiçadas pelos resumos, e então pediam para o avô de Berenice, Vovô Moleque, ir comprando à medida que devoravam cada um deles. Ele as levava de vez em quando a um livreiro amigo, no Rio de Janeiro, Sr. Batalha, que lhes mimoseava com muitas edições da Briguiet de autores como José de Alencar e Walter Scott.

A mãe de Berenice tinha mania de Monteiro Lobato, lia e relia toda a série de *Narizinho Arrebitado*. Ah, Berenice, que ciúme de Emília! Essa boneca parecia roubar o seu lugar? Tão diferentes as duas! Assim como as duas meninas-mães. Ela, mais ou menos Rainha, uma governante voltada para decidir sempre junto com seus governados em pé de igualdade. Emília, esperta e danadinha, uma duendezinha. De qualquer forma, Berenice, não tendo irmãos, como companheiro só aquele boneco-marido um tanto ignorado, e mais as chiquíssimas bonecas de louça europeias, com olhos que abriam e fechavam, mas que não falavam nem andavam no bolso da mãe como ela, tinha que ter ciúme de alguém, e esse alguém só podia ser Emília. Berenice pulava os trechos em que a rival aparecia, pois sentia um travo na garganta, e preferia concentrar-se na *História do mundo para crianças*, nos mitos gregos, nas personagens dos contos de fadas do *Sítio do picapau amarelo*. Berenice era calma, cordata, não costumava protestar. Limitava-se a mandar com doçura no seu povo, a quem obedecia; no mundo das gentes de sangue e osso, observava e participava com gosto, com espanto. A mãe lhe dizia que Emília e ela teriam muito a aprender uma com a outra, deviam conhecer-se e ficar amigas.

IV

Um dos passeios favoritos de Berenice era andar de bicicleta com a mãe. Que a pendurava no pescoço, com as costas apoiadas no peito, para a boneca ver bem a paisagem. Saíam no meio da tarde, depois de terminar as lições da escola, nas horas que pertenciam só a elas, quando ninguém lhes perguntava o que iam fazer. As ruas do bairro, de terra, nenhuma asfaltada – a delas, uma ladeira suave, o que exigia pedalar com força. Carros ali encalhavam com frequência, mas sempre havia muitos trabalhadores da construção, gentis, ajudando a vencer o atoleiro. Uma primeira lição para as pequenas observadoras das imperfeições acentuadas da existência: os motorizados sorridentes, irritados com a guerra contra o barro, e os pais de família com roupas simples, pés na lama, suados, empurrando até perder o fôlego, solidários com os ricos imobilizados, mesmo que não recebessem nenhuma recompensa, só palavras amáveis e amigas. Carros poucos tinham; os avós de Berenice demoraram muito a comprar um calhambeque, que vivia quebrando. Um dia, enquanto Vovô Moleque ia buscar um livro esquecido na sala, Berenice, xereta, mexeu no breque, orgulhosa de ter força para soltá-lo, e lá se foi a charanga morro abaixo, enquanto Nhãnhã gritava e vizinhos acorriam para deter a lataria com os braços, salvando-as de um mergulho no riozinho próximo.

A bicicleta escolhia os dias secos. Rodas de aro 28, inglesa, sem o cano entre as pernas, característico das feitas para homens. A mãe de Berenice gostava, porque podia treinar seu inglês com as duas rodas, tagarelava com sua montaria. Iam quase voando, o vento frio fazia arder as faces, ondular os cabelos, deslizar para o inesperado. Invariavelmente, iam até a linha do bonde, a mesma que percorriam até a escola todos os dias. De bicicleta, olhavam bem para os dois lados e atravessavam os trilhos.

Nhãnhã, muito, muito depois, mulher madura, ainda sonhava com esse trajeto. Havia muito mato, cheiro forte de capim, vacas pastando. Desse rebanho vinha o leite todos os dias à casa dos avós de Berenice. Leite tirado na hora, sem pasteurizar. As crianças sabiam ordenhar as vacas, punham um pouco de açúcar no fundo do copo e fartavam-se da bebida quentinha, transbordando de espuma. Para variar, dia ou outro, misturavam um pouco de chocolate. Em plena cidade, não longe do centro de São Paulo!

Berenice sabia que, ao saírem de bicicleta, a mãe gostava de ficar em silêncio, repetindo as voltas pelas ruas sem calçamento, sentindo o vento, admirando as casas com jardins, pensando no futuro e nos colegas de escola. Não queria muita conversa e aproveitava para meditar. Gostava dos cheiros, da velocidade. Nhãnhã ficava nostálgica, experimentando um vazio estranho, que ao mesmo tempo lhe dava prazer.

V

– Berenice, ajudei a fundar a sua cidade, mas tenho o meu reino; gostaria de exibir para você minhas lindezas e jeito de governar! – Nhãnhã convocou-a um dia.

– Espere aí, mamãe, vou me empetecar – assanhou-se a bonequinha, e lá se foi abrir o armário para vestir a roupa cor do céu com mil passarinhos, especialmente os tiês-sangue, o vermelho dos machos destacando-se no etéreo pano de fundo.

Berenice quase morreu de susto ao perceber que subiam nas casuarinas. Para ela, parecia atingir a lua! E o reino de Nhãnhã chamava-se mesmo Luar. Desde os nove ou dez anos, a menina-mãe era ali a soberana. Da escola ou de casa, escapava para o seu refúgio, de noite ou de dia. Sua poesia – Nhãnhã arriscava-se nesse domínio – transpirava utopias.

No meu reino, no meu Luar....
Quem quiser pode brilhar.
Lá não há pobres, nem doenças de matar.
Há gente feliz para amar.

A poesia de Nhãnhã passava pelo crivo do pai, ávido leitor, que gostava de pegar os livros e recitar poemas do mundo todo, mas sobretudo os brasileiros, para a família inteira. Cada noite, ao pé da lareira e ao som de grilos, sua voz soava, mantendo os ouvintes em transe.

No começo, Nhãnhã só escrevia com rimas, mas, quando o pai informou que seus escritores preferidos da Semana de Arte de 1922 haviam rompido essa rígida regra, passou a versos livres. O que, quando adulta, lamentou, pois com as rimas poderia explorar a linguagem e bordar palavras. Injusta, atribuiu à censura paterna o minguar da fonte poética ao longo dos anos. Berenice, ao contrário, continuava a exercitar-se nas rimas e jogos de palavras. Descobriu o dicionário analógico, anotava estrofes de canções, palavras sonoras parecidas, para ir compondo seus sonetinhos. Fez mesmo um livrinho miniatura, tão mínimo, que só ela conseguia ler – mas, quando declamava, ficava claro que criava em estilo oposto ao de Nhãnhã. Ninguém prestava muita atenção; ressabiada, ela guardava suas cadernetinhas nas quais anotava queixumes particulares.

No Luar, os galhos estendiam-se em campos floridos onde mãe e filha colhiam ramalhetes de margaridas, girassóis, bocas-de-leão. Florestas inextricáveis, povoadas de animais, ofereciam passeios e perfumes. Cervos, macacos, pássaros, esquilos, onças mansinhas vinham lamber os pés das duas. Algumas feras falavam, contavam histórias; para as duas, só doçura.

Das casuarinas, podia-se atravessar para quatro pinheiros de Natal entrelaçados, que, plantados depois das festas, haviam se tornado gigantescos. Nhãnhã costumava pendurar-se em seus galhos, forrando-os de folhas, formando uma cabaninha. Do seu estrado, ela admirava o pôr do sol, descortinava o horizonte, falava em voz alta. Havia ainda poucas casas no bairro, cortado pelo córrego da Traição, local de um antigo quilombo. Quem fora o criminoso a trair os quilombolas fugidos do escravismo, só as águas urbanas e o nome lembrando a aleivosia de épocas anteriores? Havia fama de emboscadas armadas a quem aí passasse desde o século XVIII. (Duas ou três décadas depois da infância de Berenice, o riacho canalizado virou uma avenida movimentada, chamada Água Espraiada por alguns anos, depois rebatizada com o nome de um empresário gigante.) Berenice sorvia o cheirinho das folhas pontiagudas dos pinheiros, amassadas pela mão de Nhãnhã. Gostava ainda mais desse tapiri do que do Luar Casuarina, onde os súditos não davam sossego a Nhãnhã. Aqui, só a fada Sininho, de Peter Pan, ou a fada menina, de Lúcia Miguel Pereira, vinham uma vez por outra dar-lhes um beijo rápido.

Senão, resguardada a intimidade, acomodavam-se reclinadas sobre o tronco e liam, cantavam, pintavam com guache.

Berenice tinha uma caixa de lápis de cor pequeninos que carregava para onde fosse. Ela é que ilustrava as histórias escritas por Nhãnhã. Pareciam iluminuras, detalhadas, caprichadas, com muito dourado. Daria para seguir o enredo só com os desenhos.

Quanto a Nhãnhã, considerava-se na família que ela não sabia desenhar, dom que os céus haviam conferido à irmã, pouco mais nova que ela. Mas Nhãnhã adorava as tintas e não se incomodava muito de não ser a melhor. Ela e os irmãos tinham aulas com uma jovem suíça, no casarão onde esta morava com a família. O jardim, com árvores portentosas, flores, pés de jabuticaba e outras frutas, valia as tardes lá passadas. Em torno da mesa comprida coberta de potes de tintas, várias crianças aprendiam os mistérios de misturar cores, lavar pincéis, atacar folhas de papel em branco, deixando fluir sonhos e o espaço da liberdade. Berenice andava de um lado para outro em cima do móvel; molhava os braços ou panos nas tinas de tinta, para em seguida, nem sempre, tirar a roupa e banhar-se nas tigelas destinadas a limpar pincéis. Admirava a criação de cada aluno, prestava a máxima atenção nos conselhos da professora e empenhava-se na própria criação. As crianças conversavam muito com ela, riam de ver uma boneca viva. Com o tempo, iam achando natural e não se espantavam mais.

VI

Berenice encontrava outras bonecas e conversavam sobre suas rotinas; ela achava Nhãnhã uma mãe diferente, pois viviam juntas procurando aventuras. Nhãnhã convidou-a:

– Vamos correr mundo, precisamos criar coragem.

Nhãnhã devorava contos de fadas com Berenice, ambas grudadas nas letras. Percorriam os clássicos – Perrault, Grimm, Andersen –, as antologias brasileiras de Câmara Cascudo e outras edições antigas encontradas em sebos e livrarias, com contos do mundo todo. Ficaram influenciadas pelos enredos nos quais irmãos, ou por ordem dos pais, ou porque haviam se tornado órfãos pobres, veem-se obrigados a caçar fortuna e destino mundo afora, submetidos a provas e obstáculos; no mais das vezes, os dois mais velhos são ineptos ou sem caráter, fracassam, enquanto o caçula vence e regressa como herói. Nhãnhã, a mais velha de três irmãos, queria romper o círculo, sem desejar nada de mau aos outros dois.

Talvez por esse motivo, ou porque com frequência sentisse uma tristeza e um vazio, uma inquietude extrema, mesmo vivendo em uma família e uma casa tão felizes, queria sair sozinha, sem avisar ninguém. Só com Berenice como companheira, para não voltar, para conhecer o Brasil, para decidir por si a sua vida. Gostava de livros com personagens com destino incerto, sem a companhia dos mais velhos, prontos para o que o acaso trouxesse. Como o *Através do Brasil*, de Olavo Bilac e Manoel Bonfim, no qual dois irmãos viajam pelo país, descobrindo cidades e geografia. Ou o *Sem família*, de Hector Malot, história de um órfão vagando em busca de afeto.

Seja lá como for, num dia de sol radioso, fresco, ela aprontou um embornal, com comida, água, um livro, uma roupinha leve, e pôs Berenice no bolso, com a cabecinha para fora. Sem chave de casa. Abriu o portão, respirou fundo, excitada, e foram descendo a rua de terra, passando pelo matagal, atravessando a ponte sobre o córrego. Andaram, andaram, andaram, falavam com uma pessoa ou outra, compraram uma caneta e um caderno em uma papelaria, sentaram-se em um banco de praça desconhecida para escrever e ler um pouco. Nhãnhã não se perdia, queria ir mais longe.

Berenice ia ficando com saudade de casa, dos avós, dos tios, do sossego de ouvir música na vitrola, recostar-se no sofá da sala, o olhar perdido nas estantes de livros infindáveis. Quando iria terminar a solidão a duas? Não dizia nada, sabiazinha. Sua mãe precisava pôr para fora a explosão que irromperia dentro do peito, e, se ela pedisse para voltar, seria pior.

A noite foi chegando, não apareceu nenhum dragão, nenhuma bruxa malvada, nada a vencer, fora as pernas cansadas e a fome quando o lanche terminou. Nhãnhã não disse nada, não deu o braço a torcer, mas, devagarinho, sem dar satisfações, foi voltando por um caminho diferente, até tocar a campainha de casa. A mãe estava preocupada, mas não muito, pois achou que era dia de aula de inglês e sabia que Nhãnhã gostava de esticar a caminhada na volta, para colher ramos de flores e procurar besouros raros.

A aventura foi adiada por alguns anos, mas ficou guardada no ventre como um desejo potente, até se realizar.

VII

Berenice tinha obsessão por carnaval e fantasias. Quase todo dia pedia a Nhãnhã uma vestimenta nova. De pirata, Peter Pan, diabo, de fada... Dançava samba, marchinha, chorinho, Noel Rosa, Lamartine Babo, João de Barro, Pixinguinha. As duas enlouqueciam pela sala imensa, pelo terraço, rodeavam a casa, até alguém reclamar do barulho, ou juntar-se a elas. Nhãnhã, ciumenta, não gostava de dividir Berenice com ninguém. Mas não podia privá-la das ocasiões alegres com outras gentes.

Nos três dias de farra carnavalesca, os avós levavam a família ao corso na Avenida 9 de Julho, no calhambeque do qual tinham tanto orgulho. Abriam o teto, ficavam ao ar livre, jogando serpentina nos foliões, enquanto a fila motorizada seguia devagarinho, cantando João de Barro, o Braguinha, *Touradas em Madri* e outras.

Berenice procurava escapar do lança-perfume, para ela arrasador: se atingida, desmaiava, para acordar congelada até a medula macia de algodão.

Os avós deram um baile de carnaval – um único, a vida toda! Faziam sempre festas de aniversário, jantares, convidavam estrangeiros, artistas, escritores. Mas festa de dançar, de arromba, foi essa. A casa toda enfeitada, os livros cobertos com folhas de papel grosso desenhadas, flores abundantes coladas com fita-crepe, a vitrola tocando no volume mais alto. Todo mundo fantasiado. Berenice de Cinderela, com um único sapato de vidro. Nhãnhã, como sempre, de bruxa – ficava encantada quando as crianças choravam de medo ao vê-la passar montada em vassoura, voando até o teto, os cabelos desgrenhados em pé.

E os doces e salgados? A mesa de jantar cobertinha de balas de ovo, brigadeiros, ovos moles, bem-casados, bombinhas de chocolate e de café. Vovô Moleque, arteiro, gostava de fazer reinações. Em dezenas dos deliciosos *éclairs*, substituiu o recheio cremoso por chumaços de algodão, e ria às gargalhadas de ver os gulosos mordendo e engasgando, obrigados a rir e disfarçar a raiva. Nem sequer escapou a queridíssima professora de Nhãnhã, mestra da escola, que se divertiu a valer com a peça pregada pelo anfitrião.

Berenice, os três irmãos, primos, convidados vararam a noite, espirrando lança-perfume, jogando confete e cantando todo o repertório de carnaval. A bruxa Nhãnhã conseguia transformar as forminhas de mãe-benta em doce outra vez. E Berenice encontrou na gaveta da mãe seu príncipe encantado: puxou o boneco-marido de algodão para sambar, vestido de azul-claro, com coroa na cabeça. Atrás dela, como uma escola de samba com enredo de fadas, todos os habitantes de sua aldeia de cartolina.

* * *

Uma tia foliona era muito camarada com Nhãnhã, fazia crochê com esmero e lhe dava xales de seda de todas as cores. Desenhava bem: era encarregada das lições gráficas de Nhãnhã, em especial uma dançarina sofisticada, que devia ilustrar as proporções do corpo humano. Nhãnhã era considerada nula nas artes; como o professor, ao ver a perfeição na arte, não desconfiou da farsa avuncular, a tia desenhando no seu lugar?

(Mais de sete décadas depois, a tia carnavalesca comemorou 102 anos. Provavelmente em virtude de suas habilidades de sambista...)

VIII

O cachorro da casa chamava-se Bimbo, um pastor marrom de pelo curto. Sapeca, a vira-lata pretinha, pequena, que dormia com Berenice e Nhãnhã, nasceu depois. O jardineiro, Quintino, um indígena nordestino, devia ser do povo Fulniô, mestre em apanhar cobras com forquilha, podia exercitar-se sempre, pois havia urutus e jararacas na grama alta. As cobras eram postas em uma caixinha adequada, vivas, e enviadas para o Instituto Butantan, para a fabricação de antídotos contra picadas das peçonhentas.

Bimbo podia ser ameaçador, mas das duas, boneca e mãe, tudo tolerava. Só elas podiam amordaçá-lo quando vinha o veterinário. E só elas podiam fazer-lhe carinho enquanto comia; qualquer outra pessoa, mesmo as habituais, seriam atacadas. Doce fera, adorado.

Tinha o mau hábito de fugir para a rua, o que fazia com facilidade: não havia muro na casa, e sim uma cerca viva de ciprestes, misturados a trepadeiras e flores, sede de numerosos ninhos de pássaros de todas as cores, vislumbrados com felicidade por Berenice, sempre doidinha para se deitar ao lado dos ovinhos e filhotes. Bimbo atravessava brincando os arbustos. Quando escapulia, ficava dias fora, para desespero das amigas; voltava ferido, exultante, conquistador vitorioso de muitas cadelas, pai de cachorrinhos e cachorrinhas da redondeza.

Berenice, em segredo, decidiu acompanhá-lo em uma das expedições, com a esperança de evitar guerras e ferimentos. Tal proeza só seria possível para ela; a menina-mãe jamais conseguiria acompanhar a velocidade do cão. Em diálogos sussurrados, a boneca combinou com Bimbo usar espécie de sela à qual se seguraria com tiras e fitas. Ele resistiu o quanto pôde; julgava ser cedo, dizia, para ela presenciar seus tórridos namoros. Cantando como sereia, ela prometeu atrair as fêmeas que interessassem a ele. Berenice esgueirou-se da cama de madrugada, passou por um vão da porta e lá se foi com seu cachorro amado, tão veloz que parecia dotado de asas, como Pégaso.

Teria sido boa ideia? Nhãnhã, notando a falta da filha e do animal, adivinhou a travessura. Caiu em prantos, não queria ir para a escola, e a mãe dela teve de prometer que faria busca incessante até trazer de volta os danadinhos. E, de fato, deixou seus afazeres, os cuidados com encadernação, sua colaboração com o marido apaixonado por livros raros, faltou à feira, suspendeu visitas e pôs-se em campo, ou em ruas de terra. Em vão. Ninguém os vira. Chorando ela também, ao imaginar as lágrimas da filha, voltou para o almoço. Lá estava, aplastrado no chão, um Bimbo estraçalhado pelos rivais caninos, precisando de médico e pontos nas chagas, e uma Berenice desanimada, que pouco vira do mundo externo a não ser belas cachorras louras e morenas e uns valentes cãezinhos que não tinham medo algum do seu gigante preferido. Ela escorregara das costas de Bimbo na primeira esfrega, sem quebrar nada, felizmente – pois, para sua sorte, não tinha ossos. Enfim, estavam ambos sãos e salvos, e, depois de alguns pitos, tudo acabou em comemoração e risadas.

IX

Um dos recantos mais procurados pela boneca eram as jardineiras das janelas dos quartos. Plantadas de gerânios vermelhos, alguns verticais, outros pendentes, como trepadeiras ao inverso, e feitas de madeira escura, enfeitavam as venezianas guilhotinas, que se recolhiam dentro da parede quando abertas. Mal raiava o dia, Berenice pedia a Nhãnhã para abri-las, bem como as vidraças e as telas usadas contra a miríade de insetos. Pulava sem dificuldade para a terra úmida de orvalho, aproveitando a tenda feita de pétalas rubras, perfumadas, como folhas amassadas. As flores pareciam promessa de vida brotando dentro de casa e davam um tom europeu, mas também caipira, à arquitetura, cuja origem – o telhado de duas-águas bem inclinadas, como os das regiões de neve das montanhas do hemisfério norte – se devia aos donos anteriores da propriedade. Ainda estremunhada, Nhãnhã observava a pequena com carinho. Seu peso quebraria a jardineira se fosse sentar-se junto com a filha.

Mais tarde, muito mais tarde, os namorados de Nhãnhã e sua irmã pulavam as jardineiras à noite, para namorar as duas. Havia um alarme que tocava quando as metades das janelas se abriam, uma para baixo e outra para cima, ao mesmo tempo. As duas moças descobriram que o toque era feito por uma lingueta de metal, e, cada uma por si, sem se consultarem, apertavam-na ao deslizar a madeira, silenciando as campainhas estridentes enquanto os rapazes saltavam para o interior. Eles, porém, nunca se encontravam, de propósito; vinham disfarçados, de direções e momentos diferentes. Depois de se despedirem delas, saíam do mesmo jeito, pelo portão da rua. O quarto de Nhãnhã dava para o jardim, o da irmã para o lado oposto. Nesse tempo, as moças namoravam escondido, ou os pais fingiam que não sabiam, encabulados com uma liberdade que não haviam tido ou que tinha sido muito mais proibida. Berenice, achando graça no estratagema, aproveitava a distração dos pares consigo mesmos para enrolar-se numa manta e dormir ao relento, no canteiro suspenso, sorvendo os ares perfumados da noite. Quando eles deixavam as amadas, de madrugada, com cuidado para não darem de cara um com o outro, o querido de Nhãnhã quase pisava em Berenice, que dormia a sono solto, inconsciente do perigo.

X

Canteiros havia também os cultivados pelos três irmãos, cada qual com suas flores, frutos ou verduras preferidas. Berenice, no de Nhãnhã, semeava violetas, morangos, cenouras, tomates, papoulas, miosótis, alface. Ela é que arrancava as ervas daninhas, com o esforço de uma menina grande ao derrubar árvores, pois alcançavam o seu tamanho. E usava como regador uma xicrinha de café e ficava responsável por alimentar as plantas. O canteiro de Nhãnhã era o mais bonito. Ao ouvir elogios, ela sempre afirmava ser Berenice a verdadeira cuidadora do terreno, e a boneca ficava radiante.

Nos dias bonitos e quentes, com as frutas maduras e as flores abertas, Berenice levava o marido – finalmente, pobrezinho, um convite! –, acompanhado pelas amigas e vizinhas da aldeia, ao seu campo e pomar. O aroma era quase insustentável de tão forte, um morango abastecia todos os estômagos minúsculos, e de um tomate cavoucado escorria um sumo tomado como bebida rara. Dormiam à sombra das pétalas, dançavam samba, Berenice e o marido rodopiavam na terra descalços, dando o exemplo, véus e túnicas coloridas, os homens com roupas de tempos antigos. Uma festa de verão, propiciatória de fartura, um dom da deusa natureza e recompensa da labuta do plantio, que, aliás, tinha sido uma brincadeira aprazível, não um fardo.

XI

Ser boneca pequena tinha lá suas dificuldades. Berenice estava sempre no meio de gente muito maior que ela. Dependia de Nhãnhã para ser alçada aos acontecimentos, até para ser ouvida, pedir socorro se algum monstro estivesse prestes a tragá-la. Tinha um megafone e um trombone, mas nem sempre os levava. Enfim, como sempre vivera assim, estava acostumada. Queixava-se, um dia ou outro: por que não nascera "normal" como todo mundo? Sempre lhe respondiam que havia vantagens em ser pequena, fácil de ser levada a qualquer canto.

A praia trazia-lhe perigos. Não podia tomar chuva ou ser beijada pelas ondas, porque seus músculos de algodão levariam muito tempo para secar. Obrigada a ficar em cestinhas de plástico e usar capas, ficava sob a guarda de alguém quando Nhãnhã entrava no mar.

Talvez a disparidade entre o seu ângulo de visão e o dos outros a fizesse ter obsessão por alturas. Não apenas a das casuarinas e cordilheiras. Cobiçava, por exemplo, as coberturas rubras, distantes do chão, abrigando os moradores. Há telhados coloridos em alguns países, azuis e verdes predominantes em Guadalupe, nas Antilhas, que ela não conhecia. Intensa em suas vontades, Berenice convenceu Nhãnhã e seus irmãos a excursionar pelos telhados de sua casa. Incrível que Vovó Henriqueta tolerasse brincadeira tão arriscada para as crianças e para a moradia: quando os moleques pisavam de mau jeito, com certeza surgiam goteiras, deixando em pé os poucos cabelos de Vovô Moleque, por causa dos livros raros da sala. Só Berenice, com sua leveza, o deixava tranquilo, quando as andanças em cima da casa se tornaram repetidas. Com o tempo, o quarteto aprendeu a pisar nas peças de barro sem causar rachadura.

Um dia... um vento mais forte atingiu a turminha alegre, distraída a mirar o bairro lá do alto, fazendo algazarra, vangloriando-se da proeza. Berenice balançou, escorregou e lá se foi para o chão, ouvindo os berros aflitos de Nhãnhã. A avó acorreu, aquele rebuliço, pois os que estavam no alto quase caíram também, ao tentarem socorrer a companheirinha. Berenice, um pouco assustada, emergiu ilesa – voara tal qual uma folha, sentira a alegria de pairar como um passarinho acima da terra.

XII

Ao lado da casa havia um enorme terreno baldio, no qual surgiu, certo dia, o início de uma construção, separado do grande jardim de casa apenas pelos ciprestes e por nenhum muro. Passou a ser a ocupação principal de Berenice e Nhãnhã, depois das aulas, acompanhar as obras. Achavam fácil vencer as árvores para ver bem de perto os trabalhos, mesmo para Nhãnhã, magrinha, embora fosse gigante comparada a Berenice. Por enquanto, só barro, nenhum tijolo ainda sobre os alicerces. Já fora do domínio doméstico, uma pinguela estreita de madeira, sem corrimão, permitia andar sobre um fosso profundo que as separava dos vizinhos. No começo, o medo de se desequilibrar as paralisava; aos poucos, foram ficando ágeis e não pensavam mais no perigo.

Ali não se ergueriam prédios, Berenice percebeu. Tratava-se, isso sim, de um reino africano com florestas, clareiras e aldeias de uma gente borbulhante. Sua mãe, a princesa prestes a se casar com o negro príncipe daquelas plagas. Sim, sua mãe, Nhãnhã mesmo. Ela tinha a pele escura e brilhante, usava brincos de ouro e colares de contas coloridas que ocultavam o pescoço, múltiplas trancinhas pretas plantadas no couro cabeludo, esguia, ágil como um antílope, uma corça, uma onça negra. Uma guerreira. Com o seu amado, combateriam a escravidão e o racismo, fariam valer a liberdade, cair a opressão pelos colonizadores brancos holandeses e ingleses, tornariam possíveis os rituais de pajelança, com tambores batendo e magos fazendo curas.

Berenice acompanhara uma descoberta marcante para as ideias da mãe: a leitura de um dos primeiros livros sul-africanos contra o apartheid, *Cry, the beloved country*, de Alan Paton. Ambas tinham devorado a versão francesa junto com Vovó Henriqueta. Esta, ao ler, insistiu que a música e o batuque alteram os estados mentais e arrastam as pessoas para raras sensações místicas. Atraía-as, as três, a magia feiticeira de povos antigos. Uma das resistências nessa época do terrível sistema de segregação racial, em seus primeiros anos, confinando a população negra em exíguos espaços miseráveis, proibindo os casamentos de negros com brancos e a habitação comum. Como se raça fosse um conceito científico, o sistema negava que a humanidade fosse uma só, explorava e massacrava os legítimos donos da terra africana. Insuportável pensar como um ser humano pode depreciar e oprimir seu semelhante com o argumento ideológico de superioridade de uma cor da pele sobre outra. O algodão da filha e o sangue da mãe ferviam de indignação, compartilhada com a avó, voraz leitora também ela. A obra vizinha tornou-se um ícone de uma batalha pela justiça humana, em vez de um barulhento empreendimento lucrativo a ser habitado, em caixas superpostas, por famílias ruidosas.

XIII

Os leitores devem ter notado que Berenice não tinha pai. A ninguém é possível tamanha ausência: uma criança sempre nasce de um homem e de uma mulher. Há pais que morreram, é comum um pai se separar da mãe. Nos casos mais tristes, o pai some, não dá sinal ou nem sabe que teve uma filha. Por vezes, duas mulheres – ou dois homens – se casam e têm filhos. Só que Berenice nunca teve pai, foi gerada apenas por Nhãnhã.

Vovô Moleque compensava a ausência, um pai com quem todas as mulheres e até filhos sonham. Com um avô como ele, ela não precisava de outro homem na sua vidinha de boneca. Ao esgueirar-se da cama, nos fins de semana ou feriados, Berenice corria para a poltrona perto da janela, onde ele lia ao som de música de câmara. Dava-lhe tapinhas no dorso dos pés ancorados em chinelos, para fazê-lo notar sua presença. E então subia pela perna morena e lisa, acocorava-se no ombro forte, poleiro cobiçado, ou montava a cavalo nos óculos de tartaruga, ou, ainda, escorregava pela careca, dia a dia mais ampla, para ficar em equilíbrio instável. Ele se divertia, discorria sobre o livro em suas mãos, inventava histórias, compunha episódios engraçados de sua infância, ensinava-lhe línguas – russa, italiana, alemã.

Francês, já sabemos, ela lia bem. Aprendera com a madrinha da mãe, em aulas em casa, na sala de jantar. Berenice, a mãe e a tia, afinadas, cantavam canções antigas e folclóricas, com uma pronúncia perfeita. E inglês também dominava, porque Nhãnhã a levava junto para aulas particulares da mãe inglesa de um amigo de escola, em frente à linha do bonde. Era mais difícil que o francês, mas as duas adoravam, porque só falavam inglês com muitos colegas, meninos e meninas. Recebiam convites para almoçar em casa deles, em dias de semana, depois da escola, e suas famílias alemãs ou inglesas, em Santo Amaro, numerosas nesse bairro de São Paulo, não falavam português entre si. Obrigadas a arranhar outra língua, elas gaguejavam sem timidez e aos poucos aprenderam, ficaram fluentes. "Estranho", dizia Berenice, "nós, brasileiras, é que nos tornamos estrangeiras em sua companhia, tentamos nos adaptar à fala deles, à comida, ao jeito de falarem com os filhos e com as crianças." Um estímulo: observavam, imitavam, procuravam eliminar diferenças. Os jardins, densos de odores exóticos, amoras, trepadeiras com ninhos, flores, frutos, emaranhados, não obedeciam a uma ordem europeia, como seria de esperar. Uma das amigas germânicas tinha uma casinha suspensa em árvore frondosa, feita pelo pai, sem paredes, mas mobiliada com esmero, coberta com telhas, mais elaborada que a do refúgio dos pinheiros.

Berenice tentava contar, em inglês, para as alemãzinhas, as histórias que ouvia de Vovô Moleque. "*Come and listen to grandfather's tales!*", bradava, logo cercada por ouvintes curiosas. Lembrava a de Linda, uma menina da roça, que levava todos os dias a marmita para o pai, embrulhada em um pano colorido, para não esfriar. Os irmãos menores, Raul, Renato e Reloginho, este mal sabendo andar, iam atrás. O pai a esperava faminto, saía do sol escaldante, lavava-se no regato e saciava a sede; ia para a sombra de uma árvore, para atacar com os filhos o arroz e feijão, farofa, ovos fritos, carne e verdura mandados pela mulher. Lavrador versado em plantio, aproveitava o intervalo do trabalho para contar de princesas e dragões, cavaleiros medievais e fadas protetoras.

Essa história repetia-se sempre, com detalhes e enredos variados. Nas férias, quando a família ia para o Guarujá, hospedada na casa de Tiatriz, a tia paterna de Nhãnhã, a narrativa desenrolava-se nas longas caminhadas pela areia, molhando os pés nas ondas. Ainda não havia prédios na praia das Pitangueiras; apenas casas antigas, de madeira e de piso de cerâmica, sombreadas por belas árvores portentosas. As cercas baixas deixavam vislumbrar o interior das casas e gente conversando. Vovô Moleque, a boneca e as crianças olhavam o mar, esqueciam das horas, não queriam voltar nem para almoçar. Deviam procurar, segundo o avô, um buraco sobrenatural na areia, quase tomado pela água, no qual, ao acaso, sempre tropeçavam. Desciam em fila indiana, com cuidado, aguilhoadas pelo desejo de saber aonde chegariam. Uma porta brilhante obrigava-os a ficar parados, até abrir-se ao som de cifra mágica – um verso de Cecília Meireles: "Liberdade, essa palavra que o sonho humano alimenta". Muitos degraus abaixo, descobriam a mesa posta: doces, refrescos, música medieval de cordas, executada por vielas árabes. Uma princesa de cabeleira hirsuta em cachos oferecia-lhes comida e os conduzia em passeios pelo reino.

Dormiam em redes, com cobertores de nuvens. E cada vez diferentes cardápios e enfeites...

Para Berenice, continuava uma história com a qual ela mesma sonhara. Na casa dos avós, um buraco se abria na parede para ela e para Alice, a do País das Maravilhas; para alcançá-lo, encostavam uma cadeira na superfície branca, penetravam no desconhecido e caminhavam por uma vereda de terra em campos verdes, ladeados por montanhas. Não sei se encontravam o Coelho, ou Onças mansas que as lambessem...

O túnel secreto provocava pânico na boneca quando vinham visitantes de seus avós, sentados na sala na boca do acesso ao reino mágico: ninguém poderia descobrir a entrada! Os avós recebiam estrangeiros, com quem Berenice em geral simpatizava. Um arquiteto holandês chamado Eric, o preferido, durante a Segunda Guerra, ficara dois anos escondido no sótão da casa de amigos; ninguém, nem mesmo os vizinhos deviam deixar perceber sua presença; se fosse descoberto, ele seria preso e morto pelos nazistas em um campo de concentração. Como seria não fazer barulho, nem mesmo para ir ao banheiro, nunca ver a luz do sol, ficar imóvel, sob perigo constante? Berenice nascera poucos anos depois do fim da guerra, queria saber tudo.

– É que ele era judeu! – explicava Nhãnhã.

– E o que são judeus?

– Ah, um povo nascido no Oriente Médio. Sua história foi contada de pais para filhos, destes para os netos, assim por diante, por mais de cinco mil anos. Assim, lembram-se do começo do mundo e dos antepassados, mesmo depois de espalhados para longe. Um livro muito lido com tudo o que narraram de geração em geração é a Bíblia, ou o Talmude. Até hoje sábios comentam o que está escrito e o que foi falado, explicam, interpretam, concordam e discordam. Mas, se você quer saber, para mim é ainda um enigma o que é ser judeu ou judia hoje. Nossa família é bastante judia, você talvez seja também... já que é filha de mãe judia, eu em parte. Mas Vovô Moleque é que é judeu; Vovó Henriqueta é tataraneta de escravizados, por isso é preta. Pode ser que tenha também alguma antepassada ou antepassado judeu, nunca se sabe.

"Só sei que bom não era ser judeu nesses tempos sombrios, com um monstro bigodudo que os perseguia e se achava no direito de definir quem pertencia ou não ao povo judeu... tido como culpado de tudo, não por seu comportamento, mas por nascer assim. E será que alguém escolhe como vai nascer?"

Nhãnhã tentava evitar o assunto, sabia que, se tivesse nascido na Europa, também teria sido obrigada a se esconder. Aqui no Brasil, Hitler, o ogro inominável, não atingira sua família, mas era o culpado pelas filas que elas faziam na padaria da esquina, para conseguir baguetes em tempo de racionamento e de guerra. Nhãnhã, que colecionava selos, quando recebia algumas cartas com a efígie maléfica, rasgava-os e jogava-os dentro da abertura da veneziana guilhotina, num assassinato vingativo.

Eric não falava dos horrores. Suas visitas deixaram um rastro de arco-íris: deu às meninas uma lapiseira de quatro cores, depois de lhes fazer desenhos compostos de figuras em movimento, lembrando o pintor Dufy – famílias em navios e em trilhas pelos bosques de seu país, com traços finos e esquemáticos, coloridos.

Outra estrangeira, uma senhora alemã refugiada, Frau Bamberg – judia –, visitava a avó para ter uma boa refeição, pois, pobre, passava fome. Sempre recebida com alegria, uma lição de solidariedade para Berenice.

Um velho inglês solitário, Mr. Wharton, muito apreciado, vinha toda semana e tinha a virtude de trazer para as crianças chocolates em carrinhos de brinquedo puxados por coelhos da Páscoa.

E quem era a moça negra de cabelos compridos, trazendo um violão, risonha, vestida de branco, prontinha para cantar?

– Corre, Berenice, não perca o Cântico dos cânticos, vem ver a rainha de Sabá!

"Que música do Olimpo, será que é a lira de Hermes?", pensou Berenice.

"Quando da brisa no açoite a fror da noite se acurvou..."
"Vai azulão, azulão, companheiro, vai."

Num zás, a boneca aprendeu as estrofes de Mário de Andrade e todas as outras, navegando pelas notas sem dificuldade, em transe. Clara Petraglia vinha de outros países, parece que, bem jovem, vivera com um diplomata, trazendo um Brasil arcaico, melodioso. Graciosa, foi adotada por Berenice como modelo de canto e encanto.

Vovô Moleque tinha mania de ler em voz alta, em português, francês e inglês, e ia traduzindo para as crianças. Berenice vivia pedindo para ele repetir os *Contes pour Maxa*, de Max Nordau, belíssimas histórias que o autor contava para sua filha, Maxa, que ilustrou o livro, quando ficou adulta, com cores marcantes. Vovô Moleque mudava um pouco a trama, chamava de

Dona Getulina a vilã do conto da loção maravilhosa, feia e careca, malvada. Heroína era a moça pobre que vendeu a comprida cabeleira, da qual muito se orgulhava, para alimentar a filha. A cabeleireira, condoída, passou-lhe no couro cabeludo rapadinho um líquido mágico que fez renascer o cabelo, agora com fios de ouro, tornando-o ainda mais reluzente. Remoída de inveja, Getulina, com maus modos, mandou a cabeleireira untar sua careca com o mesmo produto, mas a dona da poção milagrosa, que sabia ser a invejosa um poço de amargura e avareza, que nunca ajudara a jovem mãe em apuros, passou uma encantação diferente, e o unguento não fez efeito: a careca continuou pelo resto dos tempos, mais feia que antes.

Dona Getulina... Vovô Moleque ainda via Vargas como o ditador totalitário de 1939 a 1945, com as prisões lotadas por comunistas e intelectuais, como Graciliano Ramos.

Outro conto para Maxa falava da filha dos elfos dançando com as fadas numa lagoa cujo azul latejava de tão belo; em um terceiro, o coração da mãe era ligado ao da filha por um fio invisível, e doíam dilacerados quando elas ficavam longe uma da outra.

Bem tristes alguns dos poemas preferidos do avô, mas ele nem pensava em censurar e evitar o sofrimento para os filhos e para a boneca. Adorava *The ballad of the harp-weaver*, de Edna St. Vincent Millay, a história da mãe que, na véspera de Natal, passa a noite de inverno tecendo malhas para o filhinho faminto, que tinha apenas "*a knee-high*", para comprar alimentos e vesti-lo, ou a de William Wordsworth para sua filha que morreu criança,

She dwelt among the untrodden ways
Beside the springs of Dove,
A Maid whom there were none to praise
And very few to love:

A violet by a mossy stone
Half hidden from the eye!
Fair as a star, when only one
Is shining in the sky.

She lived unknown, and few could know
When Lucy ceased to be;
But she is in her grave, and, oh,
The difference to me!

(Vivia onde a vereda se acabava
E o Dove tem nascente
Uma donzela a quem ninguém louvava
E pouca gente amava.

Violeta que pedra úmida aninha
E esconde da visão!
Formosa como estrela que sozinha
Cintila na amplidão.

Vivendo só, bem poucos de seu fim
Tiveram conhecença
Na tumba agora jaz, mas para mim
Oh, quanta diferença...)[1]

[1]Agradeço a Munira Mutran a indicação da fonte da tradução e o título da edição original (em inglês eu sabia há tempo de cor): William Wordsworth, *Poesia Selecionada*. Edição bilíngue. Apresentação, tradução e notas de Paulo Vizioli. São Paulo: Edições Mandacaru, 1988. (Edição original inglesa: *Lyrical ballads, with other poems*, 1800).

ou, ainda, *The ballad of the Reading Gaol*, de Oscar Wilde, com ilustrações de Frans Masereel, que Berenice não entendia bem, só sabia que havia um preso bradando que somos todos culpados, mas não se dizia qual a culpa do condenado. Provocava uma choradeira em volta, mas Vovô Moleque vibrava ao prender a atenção dos mais jovens...

XIV

“Era uma vez um viajante alegre que convidou uma boneca e sua mãe para conhecerem a cidade mais linda do mundo, bordada pelo mar, com montanhas cobertas de mata, um bondinho que ligava dois morros e, no topo de um terceiro, um homem de braços abertos falando com os céus...”, começou a contar Vovô Moleque, como se estivessse na hora de histórias. O Rio de Janeiro, adivinharam Berenice e Nhãnhã! Um convite para irem ao Rio com ele. Que assanhamento! Os irmãos de Nhãnhã olhavam com bico comprido – a vez deles chegaria, mas sabe-se lá quando...

– Minha gulodice ilimitada será saciada, vou lamber o Pão de Açúcar, cavalgar o Corcovado, abraçar o moço parado em seu cume, contemplar o mar bravio singrado pelos piratas franceses vindos de Saint-Malo e La Rochelle... – Berenice pulava, excitada. – E vou realizar experiências químicas no laboratório da nossa tia, descobrir as metamorfoses mágicas que ela opera com fogo, originando criaturas novas, como se fosse deusa...

– Não se anime tanto, vai ter que comer chuchu e abobrinha. Nossa tia tem ataques se uma criança deixa comida no prato, mesmo sem fome. Nem se atreva a protestar... se não quiser ver cara amarrada. E não ligue se ela falar que teve uma boneca muito mais inteligente que você ou tem uma sobrinha dez vezes mais bonita que eu. Fora isso, vai fazer tudo o que quisermos, ela nos adora e sou apaixonada por ela!

Desde pequena, Nhãnhã passava férias no Rio, em casa da tia materna, solteira, que mimava as sobrinhas como se fossem filhas. Era chamada de Tia Cigana – porque gostava de ser nômade e vagar pelo mundo. Morena como os ciganos, sonhava em ir ao festival que eles faziam, sempre em maio, em Saintes-Maries-de-La-Mer, no sul da França, para comemorar a chegada à Europa da negra Santa Sara, misteriosamente vinda do mar em um pequeno barco. Mulher independente, química de profissão, provia seu sustento e viajava muito. Gostava mais da Inglaterra, mas conhecia a Índia, a Rússia, a China; às vezes, levava junto a irmã, Vovó Henriqueta. Fizeram uma viagem de meses no trem transiberiano, atravessando a Ásia. Divertida, muito bonita, ficar com ela era uma festa permanente. De seu apartamento, em

Ipanema, viam-se o mar, as pequenas ilhas, a praia, a apenas duas quadras. As crianças iam sozinhas enregelar-se nas águas frias, sem medo das fortes ondas do Arpoador.

Tia Cigana era amada, apesar de ser um tanto excêntrica. Tinha manias, como aquela de exigir que as sobrinhas comessem verduras, que elas engoliam com sacrifício e só Berenice saboreava. Valia a pena obedecer. Muito camarada, sob sua guarda viravam crianças livres, iam ao cinema, arrastavam-se pelas rochas, voltavam torradas de sol. Riam quando ela destrambelhava em inconveniências. Dizia o que lhe passava na cabeça, sem pensar na reação alheia. Comparava as sobrinhas, sem se incomodar se as desfavorecidas ouvissem: "Essa é quem escreve bem, aquela é um desastre, a segunda sabe pintar, a quarta pega nos pincéis e só faz borrões..." A dos borrões só podia ser Nhãnhã, que não se aborrecia ou enciumava (embora, por causa disso, jamais ousou dedicar-se às artes plásticas). Pois Tia Cigana não se parecia com a Tia Betsy do romance de Dickens *David Copperfield*, um de seus personagens favoritos? Esquisita, maravilhosa, única. Tia Cigana era dona de caixas de joias fantasias, apenas uma ou outra de ouro, badulaques, miniaturas. Prometia deixar o baú de surpresas de herança para Berenice. Mas Berenice e Nhãnhã não queriam que ela morresse; ameaçaram atirar os tesouros pela janela, o que não calou a teimosa senhora em férias seguintes.

Eis a estreia de Berenice num avião e no Rio de Janeiro, e teria o avô sem dividi-lo com concorrentes!

Sentadas ao lado dele, as duas logo se puseram a dançar pelo corredor e a comer os ares com os olhos. Quando o avião estava prestes a aterrissar no Aeroporto de Santos Dumont, viram um bimotor pequeno cair no mar e ser engolido pelas águas. Os outros passageiros ficaram observando, amedrontados, procurando divisar as asas prateadas; felizmente, como souberam em terra, ninguém se afogou.

As duas levavam cadernetas para fazer um diário; encheram as páginas de garatujas. Palmilharam a cidade inteirinha, sem se cansar. As andanças de Berenice ultrapassaram muito o Pão de Açúcar e o Corcovado. Como aproveitou Paquetá, as voltas de coche e de bicicleta, cantando a marchinha de João de Barro "Vai, com jeito vai / Senão um dia a casa cai (menina) / Se alguém te convidar / Pra tomar banho em Paquetá / Pra piquenique na barra da Tijuca..."! Só a balsa já valia a pena! Nhãnhã ia revendo em sua cabeça as cenas de *A moreninha*, de Joaquim Manuel de Macedo, que andava lendo.

Exploraram, a pé, de bonde e de ônibus, cantos antigos da cidade, como o Largo do Boticário. Nem sempre Vovô Moleque ia junto, mas Tia Cigana não desgrudava delas. Levou-as ao laboratório onde trabalhava, deixando-as fascinadas com as misturas de líquidos que mudavam de cor e flambavam. Eliminava os pelos da perna com um bico de Bunsen, e sua coragem de atear fogo no próprio corpo enchia Berenice de admiração. E a novidade de dormir num hotel? Hospedagem de romances picarescos como *Gil Blas de Santillana*, cenário de Hollywood.

Iam ao centro, viam a baía de Guanabara, o outeiro da Glória, os aviões pulando montanhas.

Bom ficarem coladas em Vovô Moleque. Conversavam horas com ele, continuando as perguntas feitas antes de ir para o Rio. No primeiro dia, acompanharam-no ao trabalho, que consistia em percorrer salas de espera da burocracia do governo – o Rio ainda a capital do país – em busca de licenças de importação para trazer máquinas para uma fábrica que estava fundando com vários sócios. Até então, ele labutava como profissional liberal, e elas presenciavam, sem ter a menor ideia, o início de uma grande mudança na rotina da família. Mais alguns anos, o avô, tão discreto, guardando com a mãe de Nhãnhã uma paz doméstica sem alarde, longe de olhares alheios, seria um personagem visível. Mas, nesse tempo com elas, nem televisão havia, notícias vinham apenas pelos jornais. Ele, ainda um homem obscuro, apesar de suas grandes qualidades.

Nas horas à mercê da lentidão de funcionários, ele lia muito: os grandes franceses e russos. Proust em primeiro lugar, brincava, para recuperar o tempo perdido com formulários e regulamentos; Balzac, Tolstói, Tchékhov, Turguêniev, Stendhal; mais que todos, Guimarães Rosa, que conhecera pessoalmente. Muitos outros foram apreciados graças à inércia de servidores públicos. Com Vovô Moleque, elas foram visitar Alice Brant, a senhora nascida em Diamantina no século XIX e autora das memórias *Minha vida de menina,* livro adorado pelas duas e publicado sob o pseudônimo de Helena Morley. Conversar com uma escritora de verdade, ídola, que experiência marcante!

Menina e boneca chilreavam sem parar com Vovô Moleque. Os diários de Nhãnhã e Berenice enchiam-se das suas "lições", às quais certamente não daria esse nome, não estava sendo professor. Falava com naturalidade e nem via que elas acreditavam, com razão, seguir uma vereda de ideias invulgares, como não costuma acontecer com meninas ou bonecas Ele, que adentrava, talvez sem saber, um período de abastança, dizia-lhes serem fugazes os bens materiais, enquanto o espírito e o conhecimento é que permanecem e valem por si sós. Apontava as perdas dos imigrantes: riqueza, casas e família sumindo em poucos meses; acentuava a coragem dos seus pais e tios, judeus russos pobres, que haviam se aventurado em outro canto do mundo, ignoto e arriscado. Dizia-lhes para perseguirem o saber. Elas ouviam atentas, como quem aprende uma canção e um rumo para comportar-se.

XV

De Santo Amaro ao Brooklin, bairros da zona sul de São Paulo, atravessando uma vegetação de mata e capoeira, deslizava um bonde fechado, parecido com um vagão de trem, com bancos extensos ao longo das vastas janelas. Sentia-se o cheiro do capim, avistavam-se morros enlameados e belas casas com jardins floridos, nenhum prédio de apartamentos.

Essa a condução que Nhãnhã e Berenice tomavam sozinhas, da escola para casa, desde cedo, mesmo no primeiro ano primário. Tinham que andar apenas dois quarteirões da Rua Pedro Taques, transversal da Rua Princesa Isabel, a da casa, evitando pó ou barro do chão de terra batida. Nenhum perigo de carros e atropelamento. Os irmãos de Nhãnhã, mais novos, passaram a juntar-se a elas, três ou quatro anos depois. As paradas de bonde na volta tinham nomes sonoros, decorados para sempre como poemas: Deodoro, Alto da Boa Vista, Floriano, Piraquara, Petrópolis, Brooklin, Frei Gaspar, Volta Redonda. Nesta última, saltavam elas, despedindo-se do bando alegre de meninos e meninas carregados de cadernos e livros. Ainda não faziam a crítica a alguns nomes, os dos proclamadores da República ou do imperador, nem elogiavam o de Frei Gaspar...

Não escapava a Berenice o xodó que Nhãnhã demonstrava por Brian, um inglesinho alto e magro, mais ou menos de sua idade, por ela enrabichado. Namorar nessa idade seria um comportamento considerado quase repulsivo, e Nhãnhã oscilava entre deixar-se levar e afastar o rapazinho, tomada por um sentimento perturbador. De vez em quando, em sua classe, um menino beijava uma menina de supetão, sem consentimento: os colegas escandalizavam-se. A intimidade precisava ser preservada com muito cuidado. Berenice, casada, dava conselhos discretos.

XVI

Viagens internacionais começaram cedo para Berenice, anos antes de Nhãnhã ir para o exterior pela primeira vez. Foi seu tio menino, o irmão mais novo de Nhãnhã, quem lhe proporcionou aventuras inesquecíveis. Ele tinha um trenzinho elétrico que esquadrinhava os recônditos da casa, fazia tropeçar os distraídos, não deixava escapar sequer banheiros e cozinha. A composição ia ficando comprida, com mais vagões, restaurantes, cabines com camas, espaços internos para os passageiros dançarem e jogarem futebol que o tio ganhava ou comprava. Berenice era a única da família que cabia nos bancos e leitos e a satisfazer-se com os quitutes preparados no trem. O tio a levava a países estranhos: a primeira viagem foi pelo trem transiberiano, passando por Uzbequistão, Cazaquistão, até Baku e Irkutsk! Mas também pela Europa, como Veneza, Berlim, margeando rios belíssimos, como o Arno, o Reno, o Garona, ou outros mais distantes, o Volga e o Nilo. Berenice virou sabidíssima em geografia. Nhãnhã babava de inveja ao ouvir os relatos dos povos, dos lugares por onde Marco Polo passara na Idade Média, das paisagens da época do Rei Artur. Ia lendo e sonhando em fazer o mesmo um dia...

Ela sentia o irmão, embora apenas quatro anos mais novo, como um filho nenê; mãe, protetora, derretia-se quando chegava da escola e o garoto corria para ela de braços abertos, pulando, aos beijos. Às vezes, engalfinhavam-se, e o menino levava desvantagem, até crescer e ficar mais forte que ela, que passou a respeitá-lo. Nas brigas, Berenice ia apartá-los com suas mãozinhas fazendo cócegas; não conseguia evitar que se golpeassem, mas os fazia rir tanto, que a hostilidade desaparecia.

A boneca não entendia por que as crianças brigavam tanto. Não por objetos, pela posse dos numerosos brinquedos; a raiva surgia inesperada, não se sabe de onde, em frases de provocação de um ou de outro. Irritavam-se por quê, se tanto se amavam? Seria assim que irrompiam as guerras?

XVII

As férias começavam semanas antes do Natal. Época livre, sem deveres ou rotina. Berenice gostava de preparar, então, com Nhãnhã, presentes para a família: pais, avós, bisavó e algumas tias. Ela tinha pouco dinheiro – sobras das somas exíguas que Nhãnhã ganhava. Sim, porque Nhãnhã e a irmã tinham seus cofrinhos, guardavam moedas ao longo do ano, contabilizavam o patrimônio.

O instinto arquetípico de acumular, observado em quase toda a humanidade, era estimulado com moderação pelos brinquedos disponíveis e hábitos de crianças. As duas irmãs adoravam o jogo Banco Imobiliário; compravam com gana imóveis da Avenida Paulista e Aclimação, cobiçando cédulas de papel em vastas quantias, submetendo-se aos danos e perdas de fortuna, sorte e azar, que vinham determinados por cartas de baralho ou lances de dados – lição para o futuro, bem-aventurança e sofrimento alternados, imprevisíveis. Sem saber, as duas irmãs exercitavam-se no mecanismo econômico do mercado, embora, então, nem tivessem ideia alguma dessa tal de teoria econômica, que no Brasil virou moda nos anos 1950, com Celso Furtado e Caio Prado, e determinou os pendores profissionais de Nhãnhã. Elas compravam e vendiam uma à outra "mercadorias", organizando feiras e lojas com seus pertences, somados a curiosidades coletadas no jardim, como plantas, flores, borboletas, plumas de passarinhos, trevos de quatro folhas, gravetos com forma humana, conchas. A negociação constituía um torneio ardiloso, que forjava habilidade nos negócios. Mas descobriam que para vender fazia-se necessário comprar, pois havia quantidade de moeda limitada a ambas. E assim anteviram Keynes, de quem nada se mencionava na casa, cujos livros não constavam da vasta biblioteca familiar, assim como também não se viam os de Marx e a Bíblia.

Berenice fabricava os belos dons para cada pessoa amada. Para Vovó Henriqueta, uns brincos de cerâmica, azul-escuros e cor-de-rosa, com presilhas, porque ela não tinha furos nas orelhas. A boneca aprendera a amassar argila nas aulas de arte de Nhãnhã, sabendo de esmaltes e mesmo de queima. Nhãnhã se espantava, tinha até inveja. Para Vovô Moleque, uma echarpe de lãs coloridas, roxas e verdes, como Matisse, um primor, tecida com agulhinhas quase invisíveis, de espessura tão fina que quebrariam à menor distração. O quinhão das duas tias queridíssimas – Tiatriz, artista de cinema e teatro, irmã de Vovô Moleque, e Tia Cigana, irmã de Vovó Henriqueta – consistia em livrinhos inventados por Berenice, uma rara ocasião de mostrar que sabia escrever, encadernar, ilustrar – aptidão que fazia surgir iluminuras, volumes mínimos, os menores livros da casa. E para a bisavó, Vovoca, que Berenice e Nhãnhã consideravam a mulher mais doce do mundo, passavam horas a preparar sobremesas que ficassem tais qual o açúcar de sua fala, balas de ovos, bananadas, quindins, feitas em casa no fogão de boneca verdadeiro, elétrico, com panelas e apetrechos de brinquedo. A cerimônia da entrega dos presentes no Natal, em nome de Papai Noel, com cartões para cada um, era esperada com ardor. Os dias de confecção fluíam, despertando sonhos com as surpresas e o prazer que proporcionariam. O melhor período do ano, superando escola, aprendizado, colegas.

Começava com o almoço de Natal em casa do avô de Nhãnhã, pai de Vovó Henriqueta. Ele usava sem falta uma gravata-borboleta, que Berenice todas as vezes arrancava ao chegar e escondia nas gavetas de pijamas dele ou nas prateleiras de camisas, uma brincadeira habitual. Ele nascera em um bairro indígena de um vilarejo do Nordeste, não sabia bem a que povo pertencia. Nada religioso, mas lembrava de curandeiros e pajés, viera muito jovem para o sul. Achava estranho comemorar Natal. Inventara um estratagema: como não sabia em que dia nascera, pois ao deixar seu lugar de origem ainda não tinha documentos, instituiu o dia 25 de dezembro como seu aniversário. E a festa ficava ainda mais divertida. Na sala comprida, com grandes janelas e muita luz, e um relógio de parede que badalava as horas com som de sino, a família imensa sentava-se à volta da mesa. Ao todo sete filhos, netos, casais. Montanhas de presentes empilhados antes que os pratos fossem servidos iam se desfazendo à medida que cada qual recebia sua parte...

XVIII

Os galhos nodosos da pitangueira do jardim pareciam as mãos de Vovó Henriqueta, com a mesma forma esguia, os dedos finos. Desabrochavam para o alto, compridos, como os gestos dela. Berenice via a árvore como parte da avó, seu rebento, portanto sua tia, com propriedades de magia protetora. A boneca abraçava e beijava o tronco esbelto fazendo pedidos que só uma fada madrinha poderia realizar, como ir bem encasacada às montanhas nevadas dos Alpes e voltar no mesmo dia. A pele da avó era seca, apesar da sua juventude, lembrava a casca que se desprendia do tronco. Berenice amava a pitangueira como se fosse gente transformada em vegetal, deusa a doar os frutinhos alaranjados ou vermelhos na época da colheita. Nhãnhã passava pedacinhos da iguaria para Berenice, pois, para ela, cada pitanga parecia uma abóbora, devido ao seu tamanho.

As mãos-pitangueira da avó costuravam. Primeiro, numa máquina antiga, de pedalar, com gavetinhas repletas de carretéis coloridos, tesouras, agulhas, paninhos. Depois, numa elétrica, assentada na mesa, mais moderna. Tinha uma velha caixa de costura de madeira esculpida, com mais linhas e apetrechos. As filhas iam aprendendo, Berenice ganhava enxovais e novidades cada dia. Ficava olhando os panos que se juntavam, capas mágicas para fazer voar, véus tornando-a invisível. Vovó Henriqueta sabia fazer tricô e crochê. Fez para Berenice agulhas pequenininhas, de várias grossuras, ensinando-lhe os pontos com lã quase imperceptível de tão fina e delicada. Das laçadas, revelavam-se obras de arte de muito feitio e cor. Berenice não passava frio.

Vovó Henriqueta levava-as a deliciosos chás à tarde, no centro da cidade, na Casa Mappin. Um piano tocava valsas vienenses, a mesa enchia-se de sanduichinhos e docinhos, chocolate quente ou gelado, Berenice enfeitada de fitas e saia rodada, assim como sua mãe e a tia. Primos e primas e tias mais velhas iam por vezes. Não eram comemorações de aniversários – simples passeios sem causa, para divertimento.

Idas à costureira indispensáveis, sempre andanças prazerosas com a Vovó Henriqueta, que fazia questão de muita elegância. Recorriam a duas exímias artesãs, capazes de competir com a alta costura francesa. Uma delas, vizinha da casa da Vila Mariana, que, por coincidência, mudou-se para o mesmo bairro distante para onde foi a família de Berenice, o Brooklin. A outra, portuguesa, que conheceram mais tarde, ficava fora de mão, no centro da cidade, perto da Estação da Luz – muito antes de existir metrô. A avó levava tecidos diferentes para cada filha e para a netinha boneca, que também aproveitava retalhos dos cortes das outras. Elas percorriam as folhas dos figurinos, verdadeiros livros com modelos de vestidos, casacos, saias, *tailleurs*, e demoravam a escolher, cheias de dúvidas. Quando convidadas para algum casamento, precisavam comprar sapatos de cor combinando com a roupa, ou forrados com o mesmo tecido do vestido, além de bolsas do mesmo tom.

XIX

Nos aniversários, todos ganhavam presentes – mas, claro, não tanto quanto o aniversariante ou a aniversariante. No café da manhã, a surpresa: xícaras, pratos, pães e frutas dispostos como sempre, tudo igualzinho, mas, ao se prepararem para sentar, deparavam com embrulhos brilhantes em cada cadeira! Quase sempre, os que não faziam anos eram presenteados com livros. A mesinha e a cadeirinha de Berenice ficavam em cima da grande mesa, perto dos talheres de Nhãnhã. Ela ia acumulando, em papel fininho e encadernação caprichada, miniaturas de clássicos como *Os lusíadas*, ou de obras de Montaigne, Manuel Bandeira, Cecília Meireles, Drummond, baladas medievais, contos folclóricos de Tolstói e muitos outros...

O presente que Berenice ardia por ganhar, enlouquecida de vontade, era – imaginem só – um piano!

– Vovó Henriqueta, faço anos daqui a pouco, me dê um piano, vou deixar vocês encantados com o que vou tocar!

– Que doidice é essa, menina, como vou conseguir um piano do seu tamanho, quem vai fabricar? E, se for um normal, como você vai tocar com essa mãozinha tico-tiquinha que mal se vê? Nem nós temos piano... quanto mais um impossível como o que serviria para você.

Nhãnhã tinha começado a ter aulas de piano com uma professora inglesa que também dava aulas de equitação e morava numa torre no bairro de Interlagos, bem pra lá do Brooklyn. Segundo Berenice, devia ser uma princesa de terras longínquas – quem mais mora em torre e fala língua estranha? Como não havia piano na casa, a menina ia estudar no de uma conhecida, a alguns quarteirões. Berenice ia junto, ouvia embevecida, admirava a casinha modesta da dona do instrumento mágico; torcia um pouco o nariz para os cheiros esquisitos, provenientes de velharias e da cozinha com frituras, mas amava a horta do quintal e os sons das teclas, marteladas pela mãe como pedras de calçamento. Queria porque queria experimentar. Tanto fez e atormentou a avó, que no dia do seu aniversário, em vez de sentar-se na cadeirinha para pegar seu presente, foi levada para a sala; no fim dos parabéns, Nhãnhã tomou Berenice pela mão e levantou uma colcha indiana estendida sobre um trambolho novo que a aniversariante não conseguia adivinhar o que era... Lá estava ELE, com a tampa já aberta, exibindo o teclado! Berenice saltava de alegria, rodopiando nos pisos brancos e pretos, notas-chão, um pé aqui, outro ali, mãos apertando com força, pulos: ecoou, para espanto de todos, uma das peças do livro de Anna Magdalena Bach!

– Eh, netinha danada, você tinha razão! Fiz bem de agradar você, parece que criamos uma artista.

Ninguém mais pôde com ela. Tardes e tardes de música. Nhãnhã e sua irmã sabiam flauta doce, a avó providenciara aulas e levava-as sempre, com a maior paciência. Formaram um trio, uma casa cantante cheia de melodias alegres.

Vovó Henriqueta vivia para as crianças, o marido, a família. As providências cabiam todas a ela, o cotidiano fluía como se ninguém se ocupasse de cozinha, roupa, compras, comidas. Invisível, ela era a provedora. Com ataques periódicos de fazer ordem que assustavam Berenice e Nhãnhã, elas corriam de má vontade para os guarda-roupas, dobravam, arrumavam, empilhavam cadernos e material de escola, resmungando, jurando nunca ser assim quando tivessem filhos. As regras domésticas pareciam-lhes desperdício, só davam valor a brincar, imaginar. Nem sempre cumpriam as tarefas, mas a avó se contentava com o pouco esforço que fizessem, amansava, durante muito tempo poupava-as dos arranjos e se encarregava sozinha do reino da necessidade.

XX

Dormir na casa da bisavó, a avó paterna de Nhãnhã, significava sempre uma grande farra. Os netos a chamavam de Vovoca, Berenice também, para diferenciá-la de Vovó Henriqueta, com quem vivia, a mãe de Nhãnhã. Uma raridade ter bisavó nesses anos, chamá-la de bisa ou bivovó complicaria a linguagem cotidiana.

Nhãnhã e Berenice iam sozinhas à casa dela, mas por vezes com os outros cinco netos. Berenice não constituía problema, não ocupava lugar. Para as seis crianças é que não havia colchões suficientes; dormiam atravessados em um sofá-cama aberto, os maiores com os pés para fora, muito lampeiros e contentes. Adormeciam de exaustão, depois de ruidosas conversas e cotoveladas. Saíam do reco-reco diário, dos horários fixos. Vovoca tinha telefone! De número 345387 – nem pensar em código de cidade. Os pais de Nhãnhã, não tinham, e moravam longe! Encantava Berenice o som do russo de Vovoca falando com sua sobrinha-cunhada – pois esta acumulava os dois parentescos por ter se casado com o tio, irmão amado de Vovoca. *"Rarashó, Rarashó, sdrastui!"* Vovoca nunca perdeu o sotaque, mesmo falando um castiço português, que aprendeu aos vinte e poucos anos. "Escuita, corazón", era seu apelo às crianças em um timbre de voz inesquecível. "Como a memória da voz se mantém!", comentava Vovoca com Berenice, pois ainda se lembrava do som das falas dos avós.

Além do telefone, surgiu certo dia a televisão, melhor novidade absoluta. As horas perdiam o limite noite adentro, sobretudo para seguir os proibidos programas de terror, quando Vovoca, morta de sono, enjoava de fiscalizar o conteúdo.

Mudanças de Vovoca foram muitas, sempre para apartamentos. Um deles, no quinto andar de um edifício da Rua Augusta, quase na esquina com a Antônia de Queiroz, tinha, no térreo, um local apropriado para prova de coragem: um quarto escuro, sempre trancado. Nhãnhã não alcançava o visor amplo da porta, subia num banquinho e içava Berenice no alto de uma vassoura para divisar bruxas e monstros aprisionados. O escuro não deixava adivinhar qualquer forma, mas Berenice comprazia-se em descrever o que lhe viesse à mente, persistindo em iludir Nhãnhã com a descrição de infernos inomináveis, mesmo passados muitos anos.

Vovoca sabia fazer iguarias como ninguém. Preparava ovas de tainha defumadas – alisava-as, frescas, em uma tábua, cobria de sal grosso e deixava secar ao sol; ficavam bem parecidas com o caviar de esturjão de sua infância, em Odessa, parte do cardápio mesmo de uma família pobre com muitos filhos, como a sua. (Berenice, quando foi ao Irã com Nhãnhã adulta, fartou-se das bolinhas pretas com melão, saboreadas em palácios feéricos em Isfahan, e cada bocado trazia o perfume de Vovoca.)

Ah, como Odessa parecia um paraíso nas lembranças de Vovoca... Ela deixara o país em 1905, aos vinte anos; a cidade, nessa época, bem antes da Revolução de 1917, pertencia à Rússia. O irmão mais novo de Vovoca, violoncelista, era revolucionário, e seu pai escondia seu único par de calças para impedir que fosse às ruas e corresse o perigo de ser preso nas manifestações contra o czar. Irmão idolatrado, mais ainda pela mãe, com quem dormia até a adolescência, morreu antes da fuga da família para o exterior. Vovô Moleque herdou seu nome.

Em Odessa, de raro em raro fazia frio ou nevava, e Vovoca andava de trenó puxado por cães. As casas ficavam aquecidas pelo calor da lenha, pela água fervente no encanamento, mas a temperatura baixa a fazia sofrer. Engraçado, pensava Berenice, como Vovoca acordava coçando o corpo inteiro, com as unhas pintadas de bordô, esfregando a pele por cima do pijama solto de seda. Um hábito, um cacoete, não uma coceira de verdade. Seus chinelos de salto, também de seda, com bordados coloridos, faziam inveja – ela nunca andava descalça ou de sapato raso. Para parecer mais alta, pequenina como era. Como, perguntava Berenice, uma pessoa velha, de sessenta anos ou mais, com a cabeça branquinha, faz questão de ser tão elegante, usa pintura, batom e ruge, vestidos novos de tecidos caros? Ficava linda, sempre bem cuidada...

Lia, lia muito, em várias línguas, as paredes do apartamento cheias de livros, como o primeiro que Berenice leu em inglês, maravilhada: *Guerra e paz*. Não falava muito das leituras com as crianças; a Berenice, gostava de contar a própria vida. Tinha estudado só até o ginásio. Por quê? Berenice nunca se lembrou de perguntar: seria pobreza? Havia cotas pequenas na Rússia para os judeus entrarem na universidade, a maioria era excluída, tanto que Vovozinho, o marido de Vovoca, teve pouca instrução formal; uma irmã dele foi a única com curso superior, fez odontologia. Os homens iam para o serviço militar... assim contam muitos romancistas, como Joseph Roth em *Jó*, seu livro magistral. Ou as mulheres, nas famílias tradicionais, seriam pouco estimuladas a estudar? Isaac Bashevis Singer escreveu sobre a menina que se disfarça de homem para ter o privilégio de estudar numa *yeshiva*, a escola judaica para meninos e aprendizes de religião.

Vovoca não parecia sentir falta de uma profissão ou de um trabalho remunerado. Ficava muito bem passando o tempo em casa. Como, aliás, sua nora, Vovó Henriqueta, que tinha curso superior, mas nunca trabalhara. Berenice nem pensava no assunto: ela, uma boneca, para que teria o compromisso de ser profissional? Boneca não é em parte criança, sempre disposta a brincar? Ela gostava de escrever, como Nhãnhã. Já bastava... Se lhe perguntavam o que queria ser quando ficasse adulta, respondia: "Astrônoma!" "Bióloga, botânica!", sem grandes pretensões.

As pessoas da família de Vovoca tinham pele escura, eram morenas, asiáticas: a tia paterna, a atriz, fora impedida de tomar ônibus ao lado dos brancos nos Estados Unidos e no Panamá, com seu pixaim marrom e cor quase negra, sofrendo discriminação como os "nativos", termo pejorativo para os colonizados indígenas ou afro-americanos. "Nhãnhã, será que nós descendemos dos mongóis por causa de Vovoca? Ela tem mãos de chinesa, de um marrom-brilhante, marcante, com as unhas pintadas de grená. E as maçãs do rosto salientes, como as de Gengis Khan."

"Ah, é? Então por que não é guerreira?"

Vovoca nunca passara pito ou gritara para Nhãnhã ou Berenice – ficar com ela era só farra, divertimento. Doce, a mulher perfeita, amorosa com as crianças. Seria por ser avó, e não mãe, pois esta não ficava o tempo todo com elas?

Nhãnhã brigava com a mãe com frequência, um berreiro de deixar surdo, emburrado e tristonho seu pai, que não suportava xingações, voz alteada, agressões. Nem se sabia por que se desentendiam; dir-se-ia que queriam o mesmo trono. Ouriçavam-se, Nhãnhã ficava de castigo para não ser tão malcriada. Mas sua mãe logo se arrependia, a zanga evaporava assim como surgira, e faziam as pazes. A mãe de Nhãnhã descomplicava a vida, não era hipersensível como o marido, a sogra, a cunhada. Permitia a quem a procurasse abrir-se com ela, não intimidava filha e neta, ficavam próximas. Seu marido, ao contrário, por ser uma figura ímpar, por amar em demasia, criava na menina uma timidez difícil de vencer.

Nhãnhã, muitas vezes, parecia-se com a mãe: bravinha, bravinha, explosiva... daí os choques entre as duas. Nhãnhã demorou para valorizar as qualidades únicas da mãe – espontânea, uma mulher a quem se poderia qualificar de "normal", natural, quando falava de amor, de corpo, de sexo. Alegre, não tinha medo de ficar sozinha, raro vê-la encucada ou magoada. Expressava queixas e elogios, não guardava raiva, sempre disponível, prestativa.

Nhãnhã, insatisfeita, só para Berenice confessava, com remorsos: "Queria que minha mãe fosse flor amor-perfeito, açucarada, beijoqueira, eternamente!", expressava. "Mãe como as dos bilhetes piegas e sem graça do Dia das Mães que a escola manda vocês escreverem?", ponderava Berenice. "É", silenciava Nhãnhã. Vovó Henriqueta cercava as crianças de cuidados, sempre presente, não dava tempo de sentirem sua falta, vinha tudo prontinho, nem precisavam pedir. Se entre Nhãnhã e a mãe não era assim, é porque talvez as faíscas proviessem da rotina, mas nunca de proibições e repressões. Todos os amigos desejavam essa casa, exemplo de harmonia e liberdade. Vovó Henriqueta tudo aceitava dos filhos.

Ela contava histórias, assim como Vovô Moleque. Mesmo quando os filhos já sabiam ler, traduzia contos do francês ou do inglês, à noite, e antes do jantar. Impressionantes os *Contes et légendes de la naissance de Rome:* a princesa vestal, Reia Sílvia, que se apaixona por Ares, deus da guerra, que lhe aparece incógnito. Morta de sono, deixa apagar o fogo sagrado ao qual devia se dedicar dia e noite. É condenada a morrer no calabouço, mas sua prima, a Princesa Antho – as duas são filhas de irmãos rivais, o bom Rei Numitor e o malvado Príncipe Amulius –, a salva, bem como aos seus filhos gêmeos, Rômulo e Remo. Nhãnhã e a irmã sonhavam em ter filhas amigas como as duas princesas. O original desse livro era italiano, de Laura Orvieto, mas as crianças ganharam o francês. Vovó Henriqueta também contava os mitos gregos, seguindo um volume em inglês com belíssimas ilustrações do centauro Quironte, da Aranha que se diz mais bela que Palas Atena, de Héracles e seus doze trabalhos e de Teseu e do Minotauro. Tinha tempo sem fim, punha as crianças ao seu lado no sofá, abraçadinhas, presas ao enredo.

Bom também, reconhecia Nhãnhã, era aconchegar-se à mãe na cama do casal, de manhã bem cedo, nos dias feriados. Que seios quentinhos, um ninho, abrigo dos céus, sossego só daquele lugarzinho. Berenice fazia a mesma coisa... Vovô Moleque gostava de tocar os mamilos da mulher como sem fossem campainhas, brincando com as crianças. Queriam romper tabus e censura; tinham hábito de andar nus, algo inexistente em outras famílias, nas quais a vergonha de tirar a roupa prevalecia e os nanicos nunca tomavam banho junto com adultos.

Berenice insistia nas qualidades de Vovó Henriqueta, que não sofria, com sua vitalidade e alegria constantes, enquanto Vovoca deixava entrever dores de alma. Um dia, Berenice surpreendeu a bisavó em prantos, mirando em uma fotografia antiga de 1905, em Odessa, à época do encouraçado *Potemkin*. "Eu também já fui assim mocinha e bonita, ativista, queria mudar o mundo!", explicou a Berenice, ao perceber como a bisneta se condoía do seu desabafo.

"Mas por que você chora, Vovoca?", perguntou a boneca.

"Um dos moleques caçoou de mim, imitou meu sotaque russo, tratou-me como uma inútil velhinha sem valor..."

As lágrimas de Berenice juntavam-se às de Vovoca, escorriam no seu colo. Para consolá-la, ou para consolar-se, Vovoca mostrou uma foto sua ainda em Odessa, em 1905. Berenice examinou a imagem: que jovem linda, com o cabelo preso em coque, os olhos castanhos imensos, expressivos, melancólicos mas tão sentimentais, o rosto sem rugas, inigualável em sua beleza. Surgia inteira de outra época, meio século antes, vibrante e cheia de força. É isso que faz o tempo, com estragos inexoráveis? É a mesma pessoa? A bisavó, sempre elegante, vaidosa, envolta em seda, em *pegnoirs* coloridos, recorria a grandes costureiras, amava brincos e colares: quem envelhece ainda se enfeita, para quê? Saber que ela fora jovem impunha respeito. Berenice, confrangida, decidiu que nunca mais deixaria ninguém ofender os velhos, qualquer velho. Como emblema, pediu a fotografia, e tanto implorou que ganhou... guardou-a para sempre, digitalizou-a nos anos modernos e passou a toda a família. Como Sidarta Gautama, o Buda, ela acabava de descobrir a velhice – ainda não, como ele, a morte e a doença.

A cumplicidade entre Vovoca e Berenice começara muito antes dessa cena, que se passou em um apartamento da Rua Marquês de Paranaguá, no centro, morada da qual a família saía e voltava sempre, ao longo de décadas. Surgiu forte no apartamento da Rua Augusta, aquele que contava com o misterioso aposento soturno próximo à entrada do prédio, cuja visão acordava os impulsos de Berenice de amedrontar a mãe e narrar dramas que não via. Foi quando ela passou várias semanas com Vovoca, porque Nhãnhã e a família toda haviam viajado. Foram pular cachoeiras em Bonito, no Mato Grosso do Sul, e temiam que Berenice se molhasse ou morresse afogada.

Foi um ritual de passagem: ficaram agarradas uma à outra, em beijos e carinhos efusivos, como se fossem uma gata com seus recém-nascidos. Sempre havia o puxão ocasional no fio do coração de Berenice, que a ligava ao de Nhãnhã; quando Vovoca percebia as lágrimas despontando nos olhinhos chorosos, punha-se a contar-lhe histórias em voz alta – pois Berenice ainda lia com dificuldade, começava a dançar com as letras e cartilhas. Uma das preferidas era a do Rei Lear, que a bisavó seguia, não diretamente de Shakespeare, mas, sim, de uma coleção de livrinhos da Editora Melhoramentos. Como Berenice chorou e viveu a dor do rei abandonado pelas filhas! Dava para entender que um pai tão bondoso, disposto a doar às filhas toda a sua riqueza, por desprendimento e amor por elas, pudesse ser tratado com tanta ingratidão? É verdade, pensava Berenice com seus botões, que ele fora muito injusto com Cordélia, a mais nova, a única que não lhe respondera com lisonjas quando ele lhes perguntou por que o amavam. O desprezo das duas mais velhas pelo pai, influenciadas pelos maridos, parecia castigo: ele não fora um bobo total de deserdar Cordélia? Berenice iniciava-se na literatura e nas contradições dos laços familiares – e se indignava que um pai não fosse tratado como ídolo. Muito mais tarde, ela e Nhãnhã debruçaram-se sobre *O pai Goriot,* de Balzac, outro personagem humilhado pelas filhas cruéis, e refletiram sobre a complexa interferência do dinheiro nos afetos.

Com a penosa ausência dos viajantes, Berenice concentrava todo o amor em Vovoca. Abraçava-a com força, com um sentimento tão intenso que nem cabia no seu corpo pequeno – igual ou ainda maior ao que tinha pelo avô, que lhe fazia as vezes de pai. Nem por Nhãnhã Berenice se reconhecia amada, abrigada, embalada a todas as horas, sem interrupções, como por Vovoca.

Berenice observava Nhãnhã grudada à mãe, Vovó Henriqueta, apesar das pequenas pelejas e destemperos. Durante uns meses, tiveram que morar em cidades diferentes, bastante longe uma da outra, pois Vovó Henriqueta teve que acompanhar o marido em um trabalho. Nhãnhã ficava desolada. Cada despedida da mãe, depois das visitas periódicas, virava uma choradeira. Vovó Henriqueta era o chão para Nhãnhã, o abrigo doado, sem exigências, resolvia todas as medidas cotidianas, sempre se orgulhava dos feitos da filha, quaisquer que fossem. Berenice tentava consolar uma Nhãnhã perdida, desnorteada. "Eis aí o fio do coração, esticado e doendo em vocês duas!", dizia Berenice. Nhãnhã sofria mais que Vovó Henriqueta: ainda não aprendera a ser independente.

XXI

Certamente, foi de Vovoca que o avô herdara o mar amoroso com os filhos e a netinha minúscula. Escorria-lhe uma cachoeira de emoção quando falava com eles. Gostava que ficassem no seu colo, lia histórias de livros, criava outras, passeava pela praia, ensinava a andar de bicicleta ou os punha para dormir. Escrevia lindezas para os pequenos. Na família, havia a mania de escrever cartõezinhos para acompanhar um presente, ou um dom sem nenhuma razão especial; agradavelmente surpreso, alguém encontrava debaixo do travesseiro ou na pasta de escola um poema, uma frase carinhosa, um recado de estrelas. Joias, os bilhetes dele saltavam anos a fio de páginas de livros, gavetas, caixinhas com preciosidades.

Se Nhãnhã ia dormir em casa de uma amiga, encarregava o pai de acalentar Berenice. Ele a deixava sozinha no berço azul, no quarto sem luz, e ficava no corredor. De quando em quando, ela perguntava, ansiosa: "Vovô, você ainda está aí perto?" "Estou...", ele respondia, imóvel na mesma posição o tempo que fosse necessário, até os olhinhos dela serem vencidos pelo cansaço. O avô, o homem das gentilezas, tinha gestos delicados e generosos com todo mundo, sua segunda natureza. Tanto ele como a avó adoravam dar presentes – raramente alguém saía da casa deles sem ganhar alguma coisa: guloseimas, livros, bugigangas, ou bebidas para os adultos.

Duas vezes por semana, ele ia buscar Nhãnhã e Berenice, nos dias em que as aulas acabavam mais cedo. Agora, estavam no ginásio, a escola ficava longe e elas não podiam voltar sozinhas de bonde, como antes. Paravam na Gerbeaud, uma doceria famosa da Rua da Consolação – e, mesmo antes do almoço, cada uma tinha direito a comer dois doces grandes e levar outros para casa, para a família toda. Berenice invariavelmente escolhia um *éclair*, de café ou chocolate, e um mil-folhas. Nhãnhã não chegava a ser gorda, mas rechonchuda, com uma barriguinha firme; Berenice, por ser de pano, não engordava.

Qual o espanto de Berenice, quando, décadas depois, descobriu em Budapeste a Gerbeaud original, que ainda existia, depois de atravessar a Grande Guerra!

XXII
O TEATRO

Montada a cavalo num dos quadros mais bonitos da casa, *Religião brasileira*, de Tarsila do Amaral, na sala de jantar, Berenice tocaiava com malandragem a chegada do avô e da avó, que não demorariam muito, pois começava a escurecer. Pouco antes, ela se escondera dentro do samovar, abaixo das cores modernistas, mas cansou-se do peso da tampa. Ninguém a veria se ficasse agarrada à moldura da Tarsila, tinha certeza. O avô gostava demais da brincadeira de pôr os quadros de cabeça para baixo; raríssimo alguém notar, ele ria satisfeito. Menos feliz ficava se alguma visita se alongasse em conversas sem olhar para os livros e não expressar curiosidade; dava um jeito de livrar-se dos indiferentes.

O coraçãozinho de Berenice disparou ao ouvir mexerem a maçaneta, ver a porta abrir-se e o casal entrar. E não à toa estava excitada! Eles levaram um susto, pararam, estarrecidos. Onde estava a sala familiar, os móveis, os livros, os tapetes? Só havia árvores, uma floresta densa, flores perfumadas, cipós. Tentaram avançar, mas eram impedidos pela vegetação.

"Eu bem dizia", exclamou o avô, "que essa biblioteca é uma floresta de livros! Eis que eles assumem sua verdadeira natureza!"

Berenice ria às gargalhadas. Conseguira o espanto que desejava provocar. Desceu da sua espera – que é como caboclos e indígenas chamam as alturas cobertas de folhas em que se abrigam para espreitar a caça – e apontou-lhes duas cadeiras de balanço confortáveis que Nhãnhã pusera no vestíbulo para eles.

Ia começar o espetáculo, montado por arte da tia-avó (irmã de Vovô Moleque), que convidara Berenice para codiretora. Sempre assim quando ela vinha: a casa, como se tocada por uma varinha de condão, virava céu, mata, mar, países longínquos, navios, tempos antigos ou futuros. Com a mesma habilidade com que, grande cozinheira, aprontava no fogo os quitutes mais difíceis, croquetes, pastéis, quiches, coxinhas, cremes, profiteroles, pavês, suflês delicados, deixando pia e cozinha numa limpeza impecável apesar dos ingredientes em longa fila e louça utilizados, ela fazia surgir cenários, enredos, papéis para as peças que inventava ou escolhia para dirigir. Plena de entusiasmo; qualquer sopro ou diálogo a faziam vibrar. Olhos verdes, pixaim preto (pintado de louro com o passar do tempo), pele tão morena que, como vimos, causou segregação racial em companhia de negros de outros países, sua beleza rara atraía inúmeros pretendentes. Mesmo quando fez oitenta anos, continuaram a cortejá-la – talvez com sucesso. Tinha apenas um filho homem e considerava as sobrinhas suas filhas, a boneca, sobrinha-neta; para elas, tornou-se a figura exemplar de mulher. Como os irmãos, falava muitas línguas, letrada até mesmo em grego e russo. Escrevia bem, lia muito, nada escapava à sua curiosidade.

Nessa época, a tia tinha uma participação importante em um filme – sua primeira experiência em cinema, depois de representar em muitas peças de teatro (a família frenética a aplaudira todas as noites no papel da mãe de Anne Frank). Na tela, fazia uma senhora de fazenda, a mãe da Sinhá Moça, uma jovem abolicionista, pouco antes do fim da escravatura. As sobrinhas iam ver as filmagens, na Casa da Fazenda, no bairro do Morumbi, com a igrejinha vermelha, imitavam-na, queriam ser atrizes. A cintura fina e as anquinhas da tia... Adoravam as histórias de bastidores: o nervoso dos atores, causa de acessos de riso tão fortes em cena, que até faziam pipi. Estreando nas apresentações, Berenice e Nhãnhã entendiam bem a aflição: por mais seguras que estivessem, foram tomadas de pavor quando as cortinas subiram.

Berenice correu para os camarins (uma estante baixa plena de discos, improvisada como biombo), a fim de preparar-se para o palco, armado no fundo da sala, uma das poucas paredes sem livros, agora verde-amazônica. Música indígena suruí, entremeada de Villa-Lobos, enchia o espaço.

A história não se passava na Amazônia, mas, sim, no Estado de São Paulo, coberto de matas no século XIX. A heroína, uma escravizada, seguidora de Luiz Gama, que fugia e organizava uma revolta negra vitoriosa em várias fazendas. Berenice entrava na pele da líder, com sua negritude; Nhãnhã, que ora ficava na plateia, ora na produção, ora no palco, providenciou-lhe uma saia branca e blusa solta e um pano da costa. No começo descalça, depois usando sapatos, pois antes da abolição era obrigatório escravizados andarem descalços, a heroína da peça devia aparecer como livre e forra. A boneca surgia como uma linda negra adulta, ágil e viva, nem se via mais nela a menina pequena. Olhos negros aprendizes de sensualidade chamavam a atenção.

Berenice pesquisara livros para compor o enredo; fora obrigada a pedir ajuda do avô, mas sem deixar que ele desconfiasse da finalidade da consulta. Descobrira que na biblioteca dos avós havia a primeira edição, de 1859, e as três seguintes das *Primeiras trovas burlescas de Getulino*, de Luiz Gama. O avô não estranhou as indagações da boneca, pois ela vivia pendurada na escada, lendo nas estantes, correndo o risco de levar um tombo. E, entre as poesias que o avô amava recitar, estava os "Meus amores" daquele autor, reproduzida na *Antologia dos poetas brasileiros da fase romântica*, de Manuel Bandeira, grande admirador desses versos raros para a época, em louvor de uma mulher negra. Ainda não tinham sido escritos os belos livros e antologias de Ligia Fonseca Ferreira, a grande conhecedora e descobridora da obra de Luiz Gama.

No primeiro ato, a tia-avó tomou a forma da mãe de Gama, Luiza Mahin, africana livre, mulher indômita, que provavelmente apoiou a Revolta dos Malês em Salvador, em 1835. Nhãnhã e Berenice comoviam-se e choravam sempre com sua biografia, só em parte conhecida. Por que uma mulher cheia de energia, livre, vive como escravizada, tem um filho com um fidalgo escravocrata? Que sociedade é essa em que não consegue se unir e conviver com um negro abolicionista em vez de um proprietário? Qual teria sido seu destino? Nunca se soube como desapareceu? Luiz jamais revelou quem foi esse suposto nobre baiano, seu pai, que, ao que se sabe, vendeu o próprio filho, de dez anos, transformando um menino livre em escravizado! Não dá para aceitar, bradavam elas, pulando de indignação. Ainda mais que Luiz, no único documento em que conta sua história, diz que cresceu nos joelhos desse pai, então amoroso...

Nhãnhã e Berenice indignaram-se muito mais, no decorrer das leituras, ao despertar para a insuficiência do que lhes ensinavam na escola sobre a escravidão. A professora de Nhãnhã foi submetida a uma sabatina e interrogatório para os quais não estava preparada. Se em 1831 o tráfico negreiro foi abolido por lei, deveriam ser livres por lei e cidadãos brasileiros todos os negros que aqui aportaram depois, trazidos a ferro pelos comerciantes de escravos! Até 1850, com a nova lei de extinção do tráfico, quantos negros ilegalmente escravizados; muitos objetos de defesa por Luiz Gama! E a Lei do Ventre Livre de 1871, com que atraso chegara, pois a maioria dos nascidos depois de 1831 já deveriam ser livres! A aula de história virou movimento social. Na peça, abordavam esses argumentos.

Os avós, esquecidos dos livros, embeveceram-se com o grupo de escravizados, em liberdade na clareira cercada de portentosas árvores, vestidos com poucos panos, mergulhados em tarefas cotidianas. Torravam mandioca na casa de farinha coberta de palha, alimentavam o fogo, cantavam em iorubá e banto melodias desconhecidas, riam, brincavam. Berenice alçava-se a um galho e conclamava para a luta pela libertação.

Nhãnhã encarregara-se da cenografia, da direção de arte, da escolha do elenco. As três dramaturgas orgulhavam-se da produção...

Ao discurso político seguiu-se um baile ainda mais inflamado, ao som de música africana, tambores e cordas. Gingavam mulheres, os homens rodopiavam, mexiam o torso, sacudiam o peito e as cadeiras como jamais se vira antes. Berenice quase caiu do seu poleiro, tentando fazer o mesmo, e acabou se juntando aos bailarinos.

A noite abrigou mais de hora deliciosa de peripécias, e, mal os aplausos cessaram, tudo voltou ao normal na sala, à calma de sempre dos habitantes.

XXIII

“Quem você vai ser quando crescer, mãe Nhãnhã?”, passou a indagar Berenice depois do sucesso da estreia teatral. “Com essa família de artistas, você não quer trabalhar em circo? Você me contou que o seu avô russo, o pai de meu avô, que saiu de Odessa mocinho, pintava, esculpia em marfim, viveu em Paris tentando sustentar-se com pincéis... E aqui no Brasil colecionava grandes obras, dizem que tinha até um Rembrandt... E do lado da minha bisavó havia a música... É isso?”

Nhãnhã não tinha ideia do que queria ser. Astrônoma, o primeiro desejo. Também gostava de plantas, de bichos – poderia ser bióloga. Ah, arqueologia seria a paixão... Mas os ventos do lado do pai sopravam a criação sensível, não podia negar. Artes, poesia, composição, livros acabavam por irromper lá do fundo, sobrepondo-se a ofícios mais comuns, como advocacia ou engenharia. O irmão mais velho de Vovô Moleque era o grande nome. Desenhava, escrevia bem em várias línguas, arquiteto, amigo de escritores famosos, influenciava os jovens, sempre os abrigava e recebia, generoso, abrindo portas, aconselhando. Trazia presentes memoráveis para as sobrinhas, como se fossem princesas a merecer tesouros. Berenice encantou-se com uma caixa de contas coloridas em forma de estrelas, de rodinhas, de luas, feitas de massa dura, parecidas com macarrão; ele comprara no exterior, dera a elas assim que desceu do avião no Aeroporto Santos Dumont, onde as sobrinhas o esperavam cheias de saudade.

Quantas combinações de arco-íris transformados em colares nasceram das mãos de Berenice: azuis, amarelos e cor-de-rosa alternados em cordões, saboreados pelos olhos como iguarias, embora não comestíveis, em sua paixão por aquelas pedras preciosas frágeis e quebradiças, sem brilho.

O reino de Berenice, sua cidade efervescente, experimentou uma revolução com o tio-avô. Seduzido pelos edifícios de papelão, pelos terraços com pilares grudados no chão com cola simples, ele foi sugerindo e alterando, conferindo um caráter de arquitetura moderna a parte das casas e a outras os estilos de cada século e lugar. Fez com a boneca um museu cheio de rampas e transparências, utilizando plásticos translúcidos em vez de vidros, aproveitou o cenário verde do teatro abolicionista para construir casas nas quais a folhagem entrava invasora, com pequenos lagos nas salas, cobriu-as de palha ou montou-as em madeira viva de árvores na terra, bordadas de castanheiras e angelins à sua volta. O povo de Berenice, exultante, passou a receber visitantes, escolares, curiosos. As crianças berenicenses convidavam outras da mesma idade de todo o país, e até do exterior, e correspondiam-se com elas, trocando ideias sobre habitações e planejamento urbano, estimulando paisagens, florestas intocadas como as do século XVI, para morar. O quarto, outrora vazio, tornou-se uma das maravilhas turísticas de São Paulo...

XXIV
A VOZ DE BERENICE ENTRA EM CENA

Agora sou eu quem escreve. Até aqui, havia minha história com mãe Nhãnhã contada por algum narrador ou narradora. Mas não sei se apareço como eu sou de verdade. Tenho mais a dizer.

Eu não tenho idade certa. Sou boneca, nasci grande, casei, fui rainha – quem sabe, sou ainda? –, vivi no mundo das crianças, junto com adultos. Sou criança e gente grande?

Quando foi que Nhãnhã desgrudou-se de mim, deixou-me anos e anos numa gaveta, paralisada, isolada, com a nostalgia e saudade das alegrias perfeitas que tivera até então? Hibernei, sonhando, como se vivesse no subterrâneo.

Nhãnhã cresceu, virou uma mocinha atraente, alegre. Aprendeu a tocar alaúde, criou arranjos de música brasileira para esse instrumento; tornou-se, ao mesmo tempo, bailarina profissional. Viajou o mundo, fazendo espetáculos, tocando, dançando, cantando. Apaixonou-se, casou-se, teve filhos. Foi viver uns tempos com os *huicholes* no México, começou a tecer, como eles, desenhos em homenagem ao mago Veado das alturas das montanhas, em meio aos cactos e festas, paticipou dos rituais do peiote. Enfim, da pá virada, não pode se queixar da vida.

Sua filha também cresceu, é compositora. Nhãnhã cantou no palco com ela em muitas ocasiões. Essa moça se casou, teve uma menina linda chamada Olivia, um menino delicioso chamado Heitor. Seu neto caçula, filho de seu filho músico e escritor, tem nome de luz: Lior.

Não admira que Nhãnhã e sua filha seguissem caminhos tão luminosos – e, melhor, sonoros. Tiveram Vovó Henriqueta abrindo caminho, com seu exemplo... Eu sempre achei minha avó e criadora a mais linda das mulheres. Quando eu era criança, e ela bem jovem, seria chamada para fazer filmes, por diretores renomados. Os penteados, armados, revelavam a sensualidade que os filhos certamente nem percebiam nela. Na parede, mais tarde, eu voltava os olhos para um retrato de Vovó Henriqueta com as três filhas e um filho e me extasiava.

E eu, enquanto isso? Fiquei um pouco esquecida durante a adolescência de Nhãnhã. Não fico ofendida, embora tivesse gostado de participar de tanta aventura. Sei que ela tinha muita companhia, amigos, amigas, namorado, e vivia com medo de me perder em suas andanças, nas malas, aeroportos e navios.

Nunca deixou de cuidar de mim, tanto que aqui estou, inteirinha. Às vezes, falava comigo e me contava as viagens, pedia palpites, conselhos. Não quis confiar-me aos filhos: temia que eu desaparecesse durante suas numerosas ausências. E esperei, com paciência, guardada em lugar seguro.

Agora, ela já é avó, e eu continuo sendo o que sempre fui, só um pouquinho diferente. Por isso, ela sugeriu que eu passasse a morar com sua neta, que é muito mais divertida, e com seus netos, embora eles não brinquem muito com bonecas. A vida voltou a se agitar dentro de mim. É como nascer de novo para um destino inesperado. Olivia e eu não desgrudamos mais uma da outra e sou bem mais importante que suas outras bonecas: Celeste, Pepita, Catarina e dezenas de outras. E o engraçado é que de filha de Nhãnhã passei à sua bisneta, pois sou boneca de Olivia, que é sua neta... Se Nhãnhã é minha bisavó, devo ser avó de mim mesma. Mas serei mesmo? Porque não sou mãe da filha de Nhãnhã, no máximo sua irmã. E então teria me tornado sobrinha-neta de mim mesma, pois sou filha de Olivia! Essa é uma adivinha para vocês, meus leitores, para se acostumarem com sistemas de parentesco complexos.

Eu não sou eterna, corro o perigo de ser devorada por um cãozinho travesso, um gato, desfazer-me em um balde de água. Mas posso durar mais que as gerações de carne e osso. Nhãnhã refez meus cabelos, meus olhos, tornou mais rijo meu corpo. Estou muito em forma. Meu sangue de algodão ferve com as injustiças.

Sei tudo o que é antigo, as vacas pastando na vizinhança de Nhãnhã pequena, a bicicleta sem trânsito, a calma de meus avós ouvindo música, com o sapo Come-Bicho subindo nas telas. Nhãnhã e eu éramos atacadas por timidez diante de um telefone, que em nossa casa ainda não havia. Máquina de escrever elétrica foi uma novidade para Nhãnhã; eu nem peguei essa surpresa, só aprendi a datilografar na manual, que não precisava de impressora – a página das nossas histórias escritas aparecia prontinha. Somos de antes da televisão! Cinema, o deleite. Computador? Xerox? Digitalização? DVD? Robôs? Nada, nada, nada. Mas isso é o de menos. Eu sou sabida, sei manejar toda a tecnologia. Não parei no começo do século XXI, fiquei atual. O mundo é que é outro, vou me adaptando e entendendo, começando de novo a infância, noutros moldes.

O tempo, na infância de Nhãnhã, alargava-se para um espaço interior de leituras e diálogos. Ela tinha muitas aulas, mas não havia pressão de afazeres marcados. São Paulo tinha dois milhões de habitantes, hoje tem vinte milhões. Meus avós saíam pouco, ainda não chegara a febre de restaurantes, *shows*, eventos, jantares, trânsito engarrafado, convites de casamento, aniversários, lançamentos, homenagens, enterros, conselhos, eleições, protestos políticos, manifestações, reuniões, chamados para trabalhos. Menos ainda o tumulto eletrônico de comunicações, notícias do mundo todo, bombardeios de assuntos e os de verdade, livros por internet, compras, cartões, aeroportos, a tontura de sermos microcosmos dentro de infinitas escolhas e possibilidades. Bela a vida caseira – viajar através dos livros para distâncias da terra e da história, sorver visitas e pequenos acontecimentos inesperados, felicidade de aldeia sem barulhos e intrusões, sonhando com aventuras e liberdade. As crianças sempre têm, mesmo hoje, a ausência de pressa e prestam atenção nos sons, paisagens, cores – mas são atiçadas para correrias, falam-lhes que falta tempo, têm que ser rápidas, preencher vazios. Seria tão fecundo se lhes dessem o conselho de Guimarães Rosa quando escreve ao seu tradutor, Edoardo Bizzarri:

> "Agora, Você e Miguilim e eu sabemos que nada é pesado demais se a gente puder ir devagarinho como precisa, e ninguém não gritar com a gente para ir depressa demais...".[2]

É difícil entender o nosso século, como serão no futuro os pequenos artistas que vejo crescer?

Insisto com Olivia, com Heitor e com Lior: devem conhecer antiguidades como contos de fadas, mitos gregos e dos indígenas, podem ser livres para imitar o que fazíamos. Eles se divertem. Mas desde os dois anos já apertam os botões do computador para ver *youtubes* e desenhos animados, choram para acompanhar, imóveis, filmes na tela da TV. Gravador e filmadoras são o seu cotidiano. Tudo lhes interessa. Quando resolverem sair pelo mundo, vai ser um rebu... E, com os livros, vão virar maníacos como Nhãnhã, meus avós e eu?

Os livros viravam esteios da casa onde morávamos. Quando mudamos para lá, na plenitude de ouvir sapos coaxando e tri-

[2] *João Guimarães Rosa: correspondência com seu tradutor italiano Edoardo Bizzarri.* 3. ed. Rio de Janeiro: Nova Fronteira, 2003. p. 153.

nados de grilos, de aspirar o aroma de mato, flores e árvores, quase uma selva, nossos peitos estufavam de alegria com o novo lar. As estantes vazias cobriam uma extensa parede de uma dezena de metros, aguardavam as caixas de letras impressas que chegariam em breve com a mudança. Constituíam promessa de façanhas, estávamos tão exultantes e esperançosos como meus avós, com as raízes plantadas para sempre em solo fértil, contentamento raro. E os livros não formavam "A Biblioteca", nem famosos, nem valiam dinheiro, não representavam prestígio ou apareciam em público e na mídia; e sim naturais, parte de nós mesmos, abertos à nossa curiosidade, impossível não enveredar por seus caminhos e saber o que escondiam. Eu queria o mesmo para Olivia, Heitor, Lior e sua geração...

Nhãnhã nos observa, com seu cabelo branco. Mais assentada – não muito –, calminha, junta-se a nós, faz de conta que estamos no trenó de sua avó, rodopiamos passos saltitantes, ao som de carimbó, samba e sevilhana, de mãos dadas ou cinturas enlaçadas.

Eu, privilegiada, um dia ainda vou cantar e dançar com os netinhos de Olivia, de Heitor, de Lior.

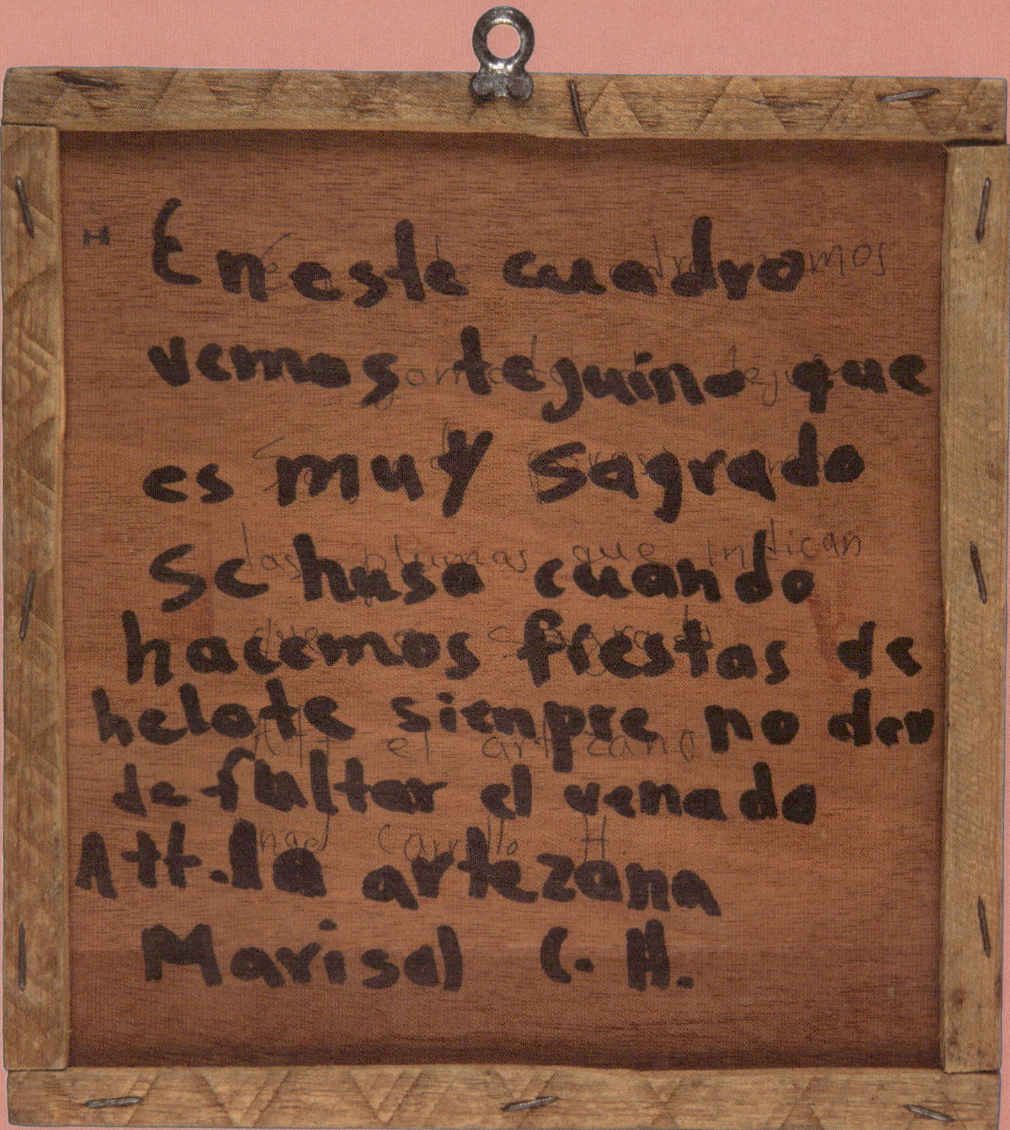

E neste cuadro vemos Tejuino que es muy sagrado se husa cuando hacemos fiestas de helote siempre no deve de faltar el venado Att. La artezana Marisal C.H.

E nesta pintura vemos o Tejuino que é muito sagrado usado quando fazemos festas de helote o veado não pode faltar Att. la artesã Marisal C.H.

DE ONDE VEM E PARA ONDE VAI A HISTÓRIA QUE VOCÊ E EU LEMOS?

Ana Carolina Carvalho

Você reparou que há neste livro uma portinha que se abre para outro mundo? Será que você caminhou nele fascinada ou fascinado, como eu fiz? Enquanto eu lia, pensava: como posso habitar uma terra em que tudo parece tão pequeno? No entanto, eu estava ali, lado a lado com uma boneca do tamanho da mão de um adulto, numa floresta gigante em que eu só caberia se me agachasse até a altura dos bichos insetos. Talvez você estivesse ali comigo, pensando: como posso estar aqui, neste *outro mundo*?

Mas é isso mesmo que acontece quando a gente lê. Abrimos uma portinha para outro mundo, porque o livro traz uma chave que se chama ficção. Assim, podemos fazer como a Alice, que foi caindo, caindo... até chegar ao país das maravilhas. E, se você já leu essa história, deve ter caído junto com ela naquele buraco fundíssimo inventado pelo Lewis Carroll. Pois Berenice não é apenas rima de Alice; elas, na verdade, são irmãs. Irmãs de ficção. Ficam guardadas dentro da gente, uma perto da outra, e se reencontram cada vez que abrimos um livro de literatura.

E você já deve ter desconfiado que a Berenice também se aparenta com a Emília, a boneca de pano criada pelo Monteiro Lobato. Está vendo como as histórias que conhecemos surgem de novo e de novo nos livros que lemos?

E, se eu estou falando sobre tudo isso com você, é porque a Betty, autora de *Berenice, a avó de si mesma,* me faz pensar nas relações que as leituras têm entre si e com cada pessoa. É que ela tem a literatura e os livros correndo em suas veias, como o sangue que transporta para lá e para cá os nutrientes de que precisamos para ficar vivos. A ficção também tem esse poder de nos deixar bem vivos, bem atentos, com a escuta apurada, pensando no mundo e nas gentes, nos destinos infinitos que existiram, existem e ainda existirão por aí. Pensando e sentindo como é estar vivo, e se surpreendendo, cada vez mais, com tudo o que pode caber em tantas vidas. E, se a gente tem uma só existência, não é fantástico poder saber e sentir como seria viver em outro lugar, e até em outro tempo, sendo outra pessoa e, às vezes, até um animal ou um objeto?

Betty nasceu numa casa cujas paredes eram forradas de livros. Seu pai, desde a adolescência, comprava obras raras, como se garimpasse ouro e diamante, nas livrarias e sebos de uma São Paulo que já não existe, mas que podemos saber que existiu e imaginar como era viver nela e andar pelas suas ruas caçando livros justamente porque existem outros livros que contam tudo isso para a gente. Já a mãe da Betty restaurava publicações antigas e as encadernava, para que ficassem novas de novo e durassem mais um bocado de tempo.

Mas o que a Betty fez dessa experiência de viver cercada de livros foi coisa dela mesmo. Além da literatura povoando sua casa e as histórias correndo em suas veias, a Betty tem os indígenas brasileiros morando em seu coração, de quem ouve as narrativas que não se achavam em livros (agora, muitas delas estão), mas eram transmitidas oralmente pelos povos que aqui estavam muito antes de esta terra ser chamada de Brasil.

Quando alguém se senta para escrever um livro, muita coisa do que essa pessoa viveu e leu arruma um jeitinho de se infiltrar nas palavras que ela vai escolhendo para narrar o que deseja contar, nas entrelinhas do texto (às vezes, até mesmo sem perceber) e entre as vírgulas e os pontos-finais. Você reparou que há muitas histórias dentro da história de Berenice?

Pois é assim mesmo que se faz um livro, e nem dá para a gente medir ou distinguir quantas histórias há ali dentro, lidas ou vividas, pela autora ou pelo autor. Acontece que este livro, cheio dessas narrativas, vai se encontrar depois com o repertório e as experiências de quem vai lê-lo. E você já deve estar desconfiado ou desconfiada de que tudo isso não tem fim — e é essa a beleza da literatura e dos livros. Como aqueles que o pai da Betty comprava, que foram escritos por alguém, que se alimentou de outros livros, que chegaram até a Betty, que escreveu o livro dela, que foi lido por você, que também tem as suas histórias e...

Ana Carolina Carvalho vive há muito tempo entre livros, lendo, produzindo, escrevendo e formando leitores.

Palestinian Costume
Shelagh Weir
ORIXÁS Pierre Fatumbi Verger
Hommage aux mains
CASPAR DIE TUPARÍ
ADÃO PINHEIRO
ROMANCEIRO DA INCONFIDÊNCIA CECÍLIA MEIRELES

Berenice leu muito na infância, acompanhando a mãe, no ambiente familiar, sem televisão, internet, telefone. Ampliou seu repertório nas décadas seguintes, mesmo no período de abandono em gavetas. A diversidade de seus interesses, temas e literaturas de povos e países surpreende sua mãe ex-menina.

As imagens de *Berenice, a avó de si mesma* gostariam de dar uma pequeniníssima amostra dos livros que a marcaram, no corpo e na alma, fazendo vibrar, viver personagens e situações, em metamorfose. Como a receber dentro de si inquices e mamaés, assim são os livros para ela. Relê e descobre sem parar, escolhe, responde a chamados. Os livros voam, falam entre si, buscam um pouso acolhedor: são seus olhos e mãos virando páginas, anotando, sonhando. Títulos e assuntos atuais a magnetizarem seu tempo. Já falou muito dos encantamentos antigos, que permanecem duradouros. Agora há centenas mais, têm que aparecer. Ela é outra pessoa, cresceu, quer expressar quem é. Revelar princípios, admiração, batalhas, vertentes herdeiras mais distintas das que a formaram. Será que, pelas imagens, dá para perceber o que pensa, e exibe, através de poetas, escritoras, romancistas, artistas enfeitando o papel?

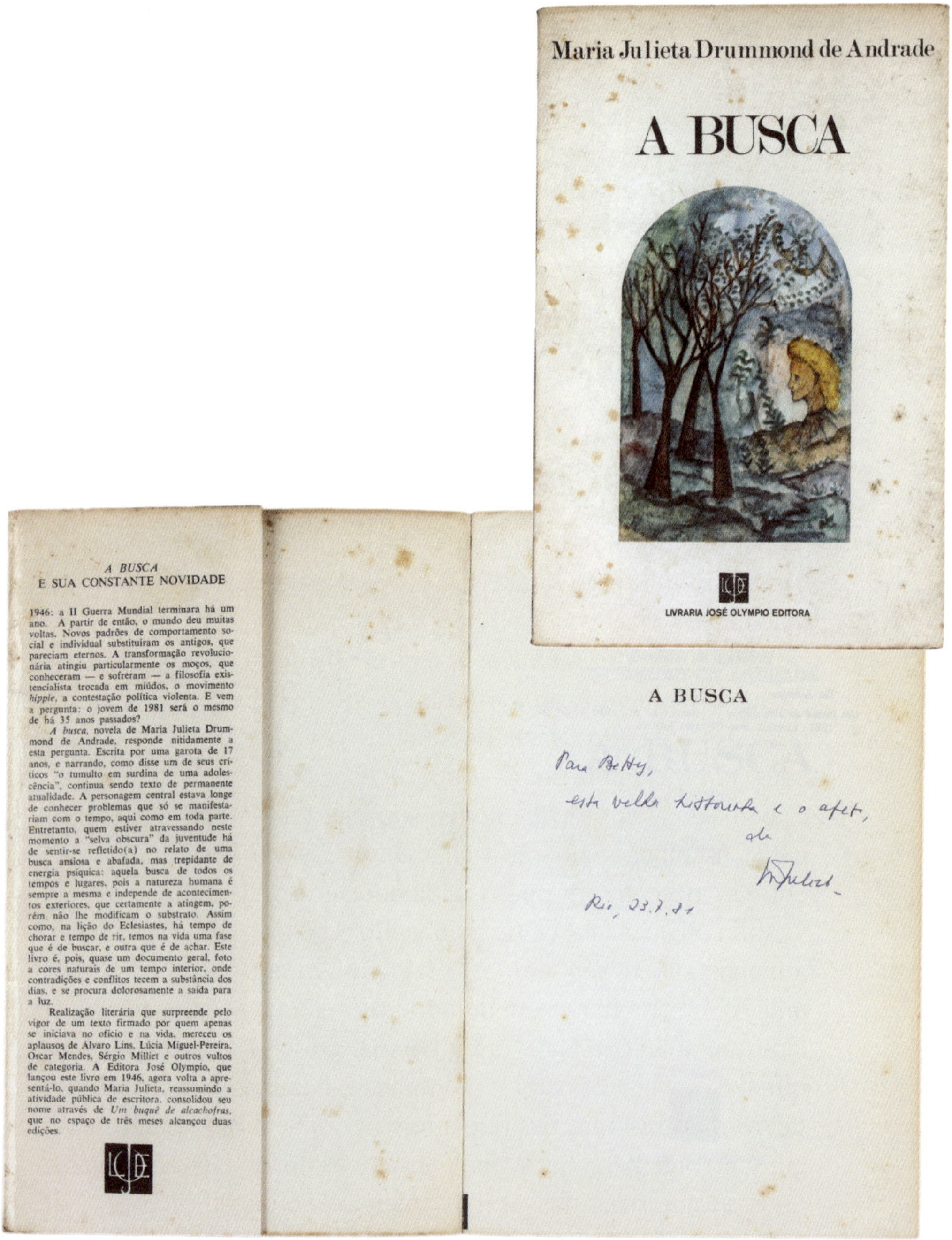

A BUSCA
E SUA CONSTANTE NOVIDADE

1946: a II Guerra Mundial terminara há um ano. A partir de então, o mundo deu muitas voltas. Novos padrões de comportamento social e individual substituíram os antigos, que pareciam eternos. A transformação revolucionária atingiu particularmente os moços, que conheceram — e sofreram — a filosofia existencialista trocada em miúdos, o movimento *hippie*, a contestação política violenta. E vem a pergunta: o jovem de 1981 será o mesmo de há 35 anos passados?

A busca, novela de Maria Julieta Drummond de Andrade, responde nitidamente a esta pergunta. Escrita por uma garota de 17 anos, e narrando, como disse um de seus críticos "o tumulto em surdina de uma adolescência", continua sendo texto de permanente atualidade. A personagem central estava longe de conhecer problemas que só se manifestariam com o tempo, aqui como em toda parte. Entretanto, quem estiver atravessando neste momento a "selva obscura" da juventude há de sentir-se refletido(a) no relato de uma busca ansiosa e abafada, mas trepidante de energia psíquica: aquela busca de todos os tempos e lugares, pois a natureza humana é sempre a mesma e independe de acontecimentos exteriores, que certamente a atingem, porém não lhe modificam o substrato. Assim como, na lição do Eclesiastes, há tempo de chorar e tempo de rir, temos na vida uma fase que é de buscar, e outra que é de achar. Este livro é, pois, quase um documento geral, foto a cores naturais de um tempo interior, onde contradições e conflitos tecem a substância dos dias, e se procura dolorosamente a saída para a luz.

Realização literária que surpreende pelo vigor de um texto firmado por quem apenas se iniciava no ofício e na vida, mereceu os aplausos de Álvaro Lins, Lúcia Miguel-Pereira, Oscar Mendes, Sérgio Milliet e outros vultos de categoria. A Editora José Olympio, que lançou este livro em 1946, agora volta a apresentá-lo, quando Maria Julieta, reassumindo a atividade pública de escritora, consolidou seu nome através de *Um buquê de alcachofras*, que no espaço de três meses alcançou duas edições.

"Para Betty, esta velha historinha e o afeto, da MJulieta – Rio, 23.7.81"

O TRAPO E A FACA - Lúcia Fabrini de Almeida

AGBALÁ
um lugar-continente
Marilda Castanha

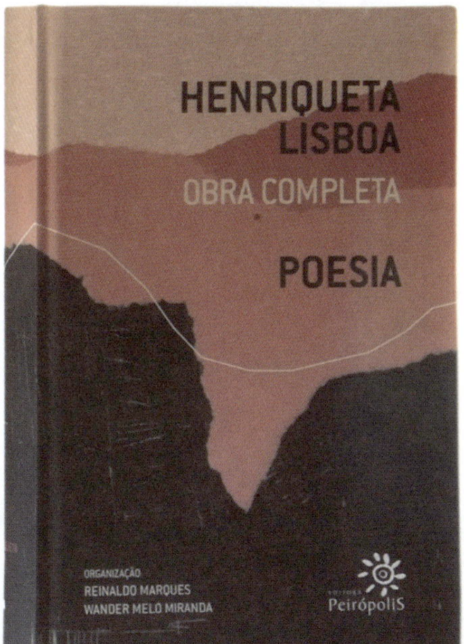
HENRIQUETA LISBOA
OBRA COMPLETA
POESIA
ORGANIZAÇÃO
REINALDO MARQUES
WANDER MELO MIRANDA
PeirópoliS

LA PRINCESSE DE CLÈVES
DE
Mme de LA FAYETTE
Mme de LA FAYETTE
LA PRINCESSE DE CLÈVES
Dessins de
ANDRÉ BEAUREPAIRE
MERMOD

ANDRÉ BONNARD
LA POÉSIE DE SAPHO
Etude et traduction
DESSINS DE RODIN
MERMOD
ANDRÉ BONNARD
LA POÉSIE DE SAPHO
Etude et traduction
DESSINS DE RODIN
MERMOD

"Para Betty, esperando ter o prazer de ler os teus versos, com carinho, Cecília Meireles, 1957".

Vladimir Iliitch Ulianov, *La cuestion agraria*, presente e dedicatória de Antonio Candido.

"A la encantadora Betty, recuerdo de Vladmir Iliitch Ulianov
N.B Puede llamarme Lenin".

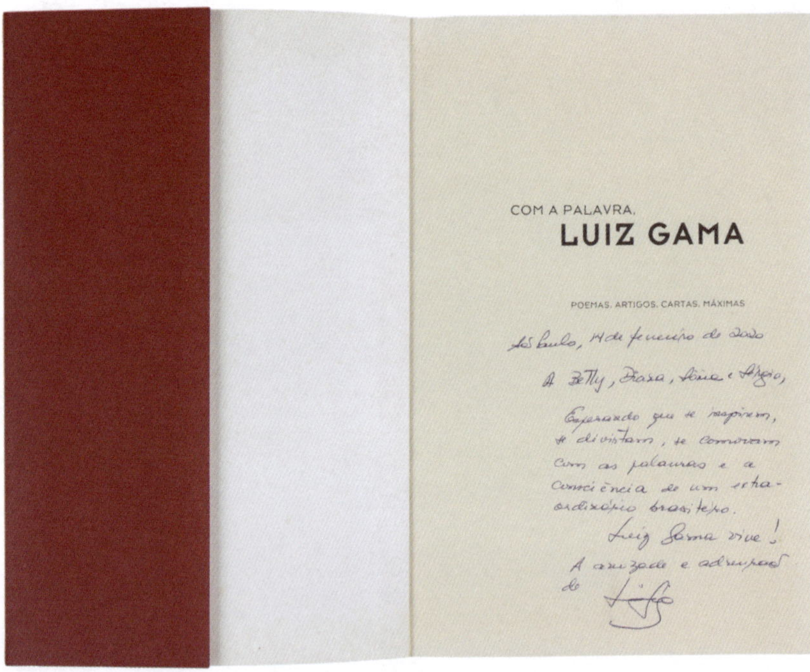

"São Paulo, 14 de fevereiro de 2020
A Betty, Diana, Sônia e Sérgio, esperando que se inspirem, se divirtam, se comovam com as palavras e a consciência de um extraordinário brasileiro. Luiz Gama vive! A amizade e admiração de Ligia".

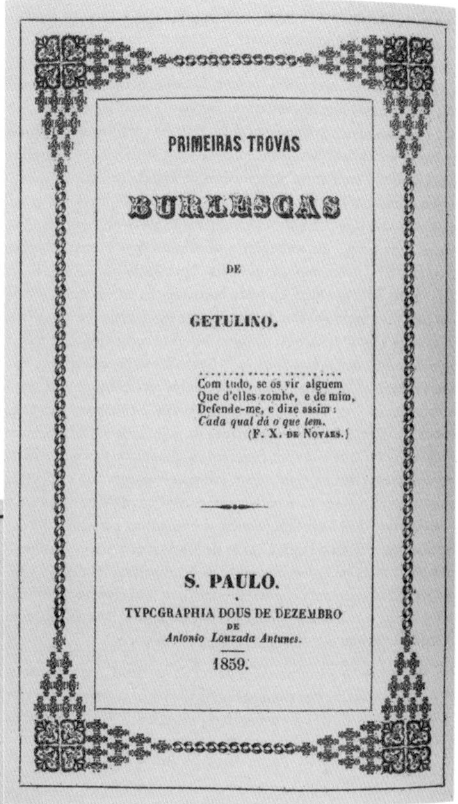

PRIMEIRAS TROVAS

BURLESCAS

DE

GETULINO.

....

Com tudo, se os vir alguem
Que d'elles zombe, e de mim,
Defende-me, e dize assim:
Cada qual dá o que tem.
(F. X. DE NOVAES.)

S. PAULO.

TYPOGRAPHIA DOUS DE DEZEMBRO
DE
Antonio Louzada Antunes.

1859.

Capa da primeira edição de *Primeiras trovas burlescas* (1859).

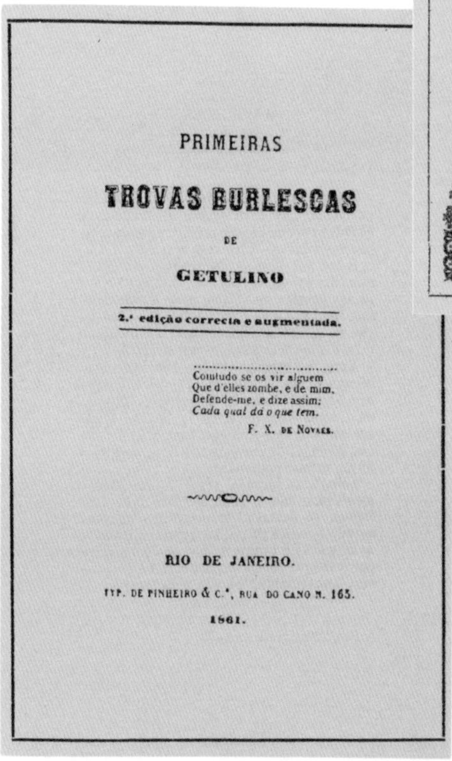

PRIMEIRAS

TROVAS BURLESCAS

DE

GETULINO

2.ª edição correcta e augmentada.

....

Comtudo se os vir alguem
Que d'elles zombe, e de mim,
Defende-me, e dize assim:
Cada qual dá o que tem.
F. X. DE NOVAES.

RIO DE JANEIRO.

TYP. DE PINHEIRO & C.ª, RUA DO CANO N. 165.

1861.

Capa da segunda edição de *Primeiras trovas burlescas* (1861).

José lendo ao lado da mesa com sua irmã Esther.

José lendo em sua casa.

O MENINO E OS LIVROS

(O amigo de Berenice)

Betty Mindlin

José Mindlin, o Menino, quando tinha sete anos, acompanhava o irmão Henrique, três anos mais velho, sozinhos os dois, às livrarias e sebos da cidade de São Paulo. Ainda estava aprendendo a ler! Imitava o irmão, ambos com a voracidade de saber. Os livros e as letras escondiam o mundo, eram a fresta mágica para o conhecimento. Liam sem parar, ficaram íntimos de livreiros. Se tivessem dinheiro, comprariam as centenas de livros descobertos, cobiçados. O pai colecionava pintura, artes plásticas. Seria o germe do desejo de acumularem obras? Foi crescendo o fascínio pelo conteúdo, mas também pelo cheiro do papel, formas, ilustrações, encadernação, antiguidade, e mais os atraíam se mais raros fossem. A família tinha recursos exíguos, não dispunha de mesadas para os filhos. Mas o Menino, tão pequeno, não se sabe de onde surgiu essa vertente, era dotado de certo tino comercial: via a variação de preços dos livros de uma livraria para outra; então, pegava o mais barato em uma e levava para outra, onde deixava em consignação, e com o lucro comprava outros títulos. A aventura de ler, pesquisar, garimpar nunca mais o deixou. Pensar, ganhar o mundo, desvendar a humanidade, tudo ao alcance dos olhos. O prazer de pegar, manusear os livros, ver as datas antigas, desde o século XVI, saber quais só seriam adquiridos por poucos danadinhos especialistas. Mas a paixão pelos livros raros, conta ele, só brotou mesmo aos treze anos, quando comprou o primeiro. Teria sido então que baixou o orixá de colecionador, juntar o que lia e admirava, sem limites? Grandes leitores e amantes de livros há muitos; colecionadores, muito poucos, tão ou mais raros que suas conquistas. Um dom, um sexto sentido, um diálogo com os objetos publicados ou manuscritos, adivinhando seu valor – o de alma, não o de mercado –, mas também como meio de tê-los consigo. Os livros têm alma, sim, conversam com quem sabe percebê-la.

O vislumbre desse mistério aparece no livro que ele escreveu: *Uma vida entre livros: reencontros com o tempo*, no qual resumiu sua vida de um jeito especial. Antonio Candido, no seu belo prefácio, mostra que ele não é apenas um colecionador, pois devora textos para se deleitar, abrir horizontes, ter liberdade de pensar, nunca tolher curiosidade. E é também um escritor, "escreve como fala, o que parece fácil, mas é mais difícil do que falar como quem escreve", diz Antonio Candido.

José fala dos autores preferidos, como Guimarães Rosa e Proust, dos escritores de quem ficou amigo, das leituras marcantes. São apenas exemplos, numerosos, mas pequena amostra diante de sua gigantesca erudição – despretensiosa, sempre movida pelo desejo. Os relatos são quase contos, agradáveis de ler.

Conta da emoção de encontrar e adquirir livros raríssimos do século XVI ao XIX, os dos primeiros viajantes, de outros, ao longo dos séculos, desliza em episódios saborosos de garimpo e aquisição. Frustra-se, só pode escolher alguns - são centenas, não cabem em um volume. As ilustrações e fotos de obras, em projeto gráfico magnífico da filha Diana, dão vontade de pegar e ver de perto, tanta maravilha.

Não só de livros o seu se compõe. Há feitos de sua trajetória, origem da família, estudos, participação política contra a ditadura, mesmo em cargo público, ofício de editor bissexto, viagens, lembranças – estilo fluente como de ficção. Circunstâncias inesperadas o fizeram passar de advogado a empresário, o que lhe franqueou oportunidades de novas aquisições, antes inalcançáveis – a biblioteca não parou mais de crescer. Guita, sua mulher, era a companheira ideal, dedicada à encadernação e restauro das raridades. Nunca reclamou da quantidade de livros trazidos pelo marido para casa, às vezes bibliotecas inteiras. Só uma vez resmungou: "Não tenho lugar para os meus livros!" Como se não fossem todos dela... lidos e apreciados.

Os livros são a costura de vida do casal, o rumo persistente. Crescida, a biblioteca extravasa as salas, os quartos, avança para duas pequenas casas vizinhas. José nunca se considerou proprietário de sua coleção – mesmo quando ela mereceu esse nome. Dizia-se guardião, conservava para as gerações futuras. A ideia de doação dormia quietinha nele, sempre. Custou a se realizar. Foram doze anos de confabulações com a Universidade de São Paulo, até tudo ajustar-se, em 2006. Mais sete anos, até a mudança dos livros para sua morada atual, na universidade, em 2013. José e Guita nunca se separaram da amada biblioteca. Guita morreu em 2006, pouco depois de exibir enorme alegria com a doação, e José em 2010.

Para conhecer mais, é só entrar no *site* da Biblioteca Brasiliana Guita e José Mindlin, agora com letra maiúscula, na Universidade de São Paulo. Ali, sim, há detalhes sobre o acervo, análises e fotos de livros, eventos, debates, visitas, exposições. Muito sobre a magnífica gestão realizada pela universidade, através da Pró-Reitoria de Cultura, de uma diretoria brilhante e de uma equipe e conselho de figuras ímpares, com a participação do Instituto de Estudos Brasileiros, grande parceiro da biblioteca.

Ah, se desse para José e Guita conversarem com Berenice sobre os livros que eles e ela leram, os que são comuns, mais as novidades, algumas patentes nas ilustrações da *Berenice, a avó de si mesma*! Um século de leituras, décadas os separam. Que prazer pôr lado a lado e misturar as diferentes visões, com o mesmo fio de Ariadne das iguarias do imaginário, crítico e livre!

Livros de José Mindlin.
José e Guita lendo, anos 1940.

Livraria Parthenon, anos 1950.

Biblioteca José e Guita Mindlin, 2004.

Genève, 25.8.46.

Bettysinha querida:-

Você está com saudade do Papae? Então ahi vae uma historia para a Mamãe contar enquanto eu não chego.

Você e a Diana estão se comportando bem, queridinha? E Mamãesinha, vae bem? Tome bem conta da Mamãe e da Dianinha, viu, filhinha, e peça para Mamãe dar a você um forte beijo do

Papae

TÉLÉPHONEZ L'APRÈS-MIDI! Dès 18 h les lignes sont surchargées

GENEVE 1 — 25.VIII.1946 — HELVETIA

Betty Mindlin
Av. Cons. Rodrigues Alves 74
S. Paulo
BRÉSIL

No. 4680 Verlag Max Künzli, Zürich 6

Postal de José para Betty, 1946.

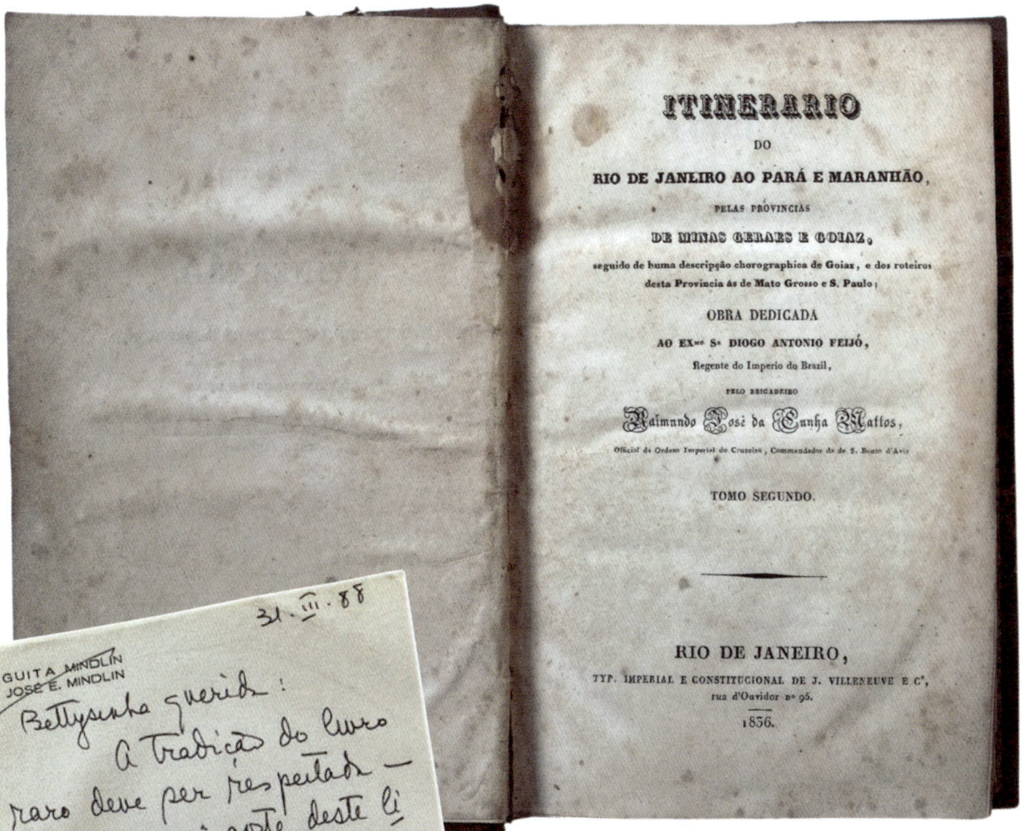

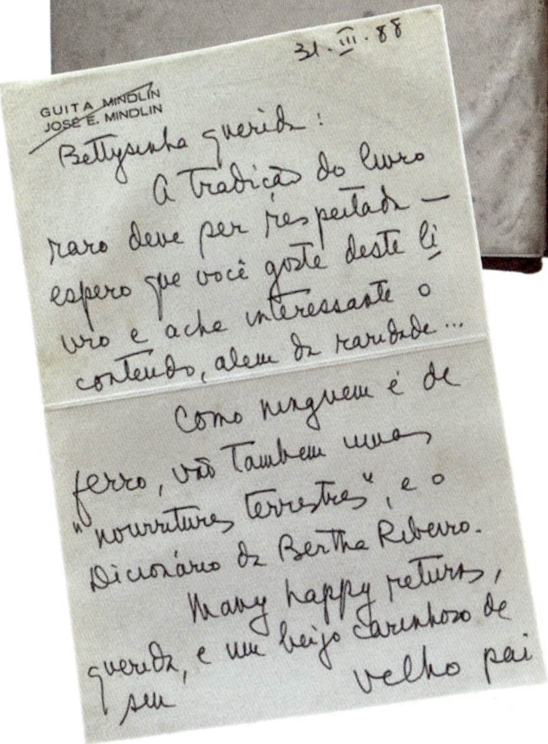

31.III.88

GUITA MINDLIN
JOSÉ E. MINDLIN

Bettysinha querida:

A tradição do livro raro deve ser respeitada — espero que você goste deste livro e ache interessante o conteúdo, além da raridade...

Como ninguém é de ferro, vão também umas "nourritures terrestres", e o Dicionário da Bertha Ribeiro.

Many happy returns, querida, e um beijo carinhoso do seu velho pai

Livro com bilhete de José para Betty, 1988.

BETTY MINDLIN

Os livros eram o centro da casa onde Betty cresceu. Seu pai, José Ephim Mindlin, aos doze anos, já era caçador de exemplares raros, dom de poucos. Sua mãe, Guita Mindlin, o acompanhava, em encadernação, restauro e entusiasmo. A Biblioteca Brasiliana, irmã mais velha de Betty (ela só aprendeu a ler quando tinha sete anos), foi crescendo, crescendo, inundando paredes, até não caber mais. Foi doada à Universidade de São Paulo (USP) em 2006 e ali inaugurada em 2013. A avidez de leitura foi herdada pela menina e pela mulher, pesquisadora de estantes. Bem como o desejo de consertar o mundo, eliminar desigualdades e racismo. Por isso, foi estudar economia (na USP, onde os pais, duas irmãs e irmão se formaram). Perdeu-se nos desmandos da sociedade, alterou o rumo: melhor buscar as palavras de outro jeito. Não apenas impressas, mas faladas, cantadas, em música. Guiada pela antropóloga, guru e inspiradora Carmen Junqueira, foi para a Amazônia em 1978, tornou-se aliada de povos indígenas pelo resto dos tempos, começando pelos Paiter Suruí e por numerosos outros, depois. Ao engajar-se na defesa de terras e direitos indígenas, ouviu e gravou suas vozes nas línguas originais (e em português por tradutores indígenas). Brotaram títulos em coautoria com as donas e donos das vozes, nascidos antes de serem atingidos pelos invasores urbanos causadores de tragédias. Reconhecidos como autores literários, receberam os direitos das publicações de *Vozes da origem* (2007, 1996), *Tuparis e tarupás* (1993), *Couro dos espíritos* (2001), *Moqueca de maridos* (2014, 2002, 1997), *Terra grávida* (1999), e de tantos outros. Betty escreveu em nossa língua. Como autora solo, publicou *Diários da floresta* (2006), suas viagens de campo de 1978 a 1983, fascínio pelo que viveu com os Paiter. Continuou escrevendo, agora uma mistura de ficção e ensaio: *O ventre emplumado* (2016), *Crônicas despidas e vestidas* (2017), *Alma de atriz* (2022) e outras obras. Afirmou a literatura indígena original, com as gravações multilíngues, sempre a caminho de serem preservadas e devolvidas a quem contou e recebeu de antigas gerações, além de impressas em português (por enquanto pouco nas próprias línguas), algumas traduzidas em inglês, francês, italiano, espanhol e alemão. Realizou, talvez, o anseio de figurar, mesmo sem se considerar escritora, ao lado da brasiliana de mãe e pai – em direção diversa, da oralidade às letras.

Moqueca de Maridos em várias edições e traduções.

Crédito das imagens (na ordem em que aparecem na capa):

A donzela guerreira, Walnice Nogueira Galvão. São Paulo: Senac, 1998; *Miguilim*, João Guimarães Rosa. Milano: Feltrinelli, 2007; *Iemanjá & Oxum*, Lydia Cabrera. São Paulo: Edusp, 2004; *Com a palavra, Luiz Gama*, Ligia Fonseca Ferreira. São Paulo: Imprensa Oficial, 2011; *Telling Times: Writing and Living, 1954-2008*, Nadine Gordimer. N. York: Ed. Norton, 2010; *The Diary of Anaïs Nin*, Anaïs Nin. California: Harcourt, 2020; *Sexo e Desigualdade*, Carmen Junqueira. São Paulo: Olho d'Água, 2003; *Memória e Sociedade*, Ecléa Bosi. São Paulo: Cia. das Letras, 2023; *A terra do velho chefe*, Doris Lessing, Rio de Janeiro: Record, 1973; *Terrapreta*, Rita Carelli. São Paulo: Editora 34, 2023 (2ª edição); *Vozes da origem*, Betty Mindlin. Rio de Janeiro: Record, 2007; *Eu sei por que o pássaro canta na gaiola*, Maya Angelou. São Paulo: Astral Editora, 2018; *A palavra afiada*, Gilda de Mello e Souza por Walnice Nogueira Galvão. Rio de Janeiro: Ouro Sobre Azul, 2014; *Poesia reunida*, Adélia Prado. São Paulo: Siciliano, 1998; *Úrsula*, Maria Firmina dos Reis. Florianópolis: Ed. Mulheres; Belo Horizonte: PUC Minas, 2004; *Quarto de despejo*, Carolina Maria de Jesus. Rio de Janeiro: Livraria Francisco Alves, 1980; *La Storia*, Elsa Morante. Trieste: Einaudi, 2014; *Poemas escolhidos*, Sophia de Mello Breyner Andresen. São Paulo: Cia. das Letras, 2004; *O pai*, Dirce de Assis Cavalcanti. Cotia: Ateliê Editorial, 2019; *Meus desacontecimentos*, Eliane Brum. Porto Alegre: Arquipélago Editorial, 2017; *Virações*, Mauisa Annunziata. São Paulo: Massao Ohno, 1996; *Som protagonista*, Camila Lordy. Joinville: Clube de Autores, 2021; *O vento espalha minha voz originária*, Eliane Potiguara. Saquarema: Grumin Edições, 2023; *Livro do avesso: o pensamento de Edite*, Elisa Lucinda. Rio de Janeiro: Malê, 2019; *Minha vida de menina*, Helena Morley. São Paulo: Cia. de Bolso, 2016; *Le journal de Rutka*, Marek Halter. Québec: Robert Laffont, 2008; *Diários da floresta*, Betty Mindlin. São Paulo: Ed. Terceiro Nome, 2006; *Carnets sauvages*, Betty Mindlin. Paris: Métailié, 2008; *Memórias de nós*, Wilma Mendonça. São Paulo: Porto de Ideias, 2018; *Velhos amigos*, Ecléa Bosi. São Paulo: Cia. das Letras, 2003; Chica *da Silva*, Júnia Ferreira Furtado. São Paulo: Cia. das Letras, 2003; Tudo (e mais um pouco): Poesia reunida (1971-2016), Chacal. São Paulo: Editora 34, 2016 (1ª edição); *Chão: Uma Aventura Violeira*, Paulo Freire. São Paulo: e-galaxia, 2019; *Ainda estou aqui*, Marcelo Rubens Paiva. São Paulo: Alfaguara, 2015; *Tolstoy*, Rosamund Bartlett. Londres: Profile, 2013; *Khadji-Murát*, Lev Tolstói, tradução de Boris Schnaiderman. São Paulo: Editora 34, 2017 (1ª edição); *Rita Lee: uma autobiografia*, Rita Lee. Rio de Janeiro: Globo Livros, 2016; *José do Patrocínio*, Uelinton Farias Alves. Rio de Janeiro: Garamond, Biblioteca Nacional, 2011; *Vida*, Paulo

Leminski. São Paulo: Cia. das Letras, 2013; *Léxico familiar*, Natalia Ginzburg. São Paulo: Cia. das Letras, 2018; *Poesia completa*, Cacaso. São Paulo: Cia. das Letras, 2020; *Felicidade conjugal*, Lev Tolstói, tradução de Boris Schnaiderman. São Paulo: Editora 34, 2010 (2ª edição); *Tolstói & Tolstaia*, Lev Tolstói e Sófia Tolstaia. São Paulo: Carambaia, 2022; *A Sonata a Kreutzer*, Lev Tolstói, tradução de Boris Schnaiderman. São Paulo: Editora 34, 2010 (2ª edição); *Iasnaïa Poliana Guide-photo*, Sergej M. Borisov et al. Moscou: Editions Planeta, 1982; *Ressurreição*, L. Tolstói. São Paulo: Cosac & Naify, 2010; *Os cossacos*, Lev Tolstói. Barueri: Amarilys Editora, 2012; *A filha do capitão*, Aleksandr Púchkin, tradução de Boris Schnaiderman. São Paulo: Editora 34, 2022 (1ª edição); *Vozes vegetais*, Joana Cabral de Oliveira et al. São Paulo: Ubu Editora, 2021; *Anatol 'on the road'*, Anatol Rosenfeld. São Paulo: Perspectiva, 2006; *A dama de espadas: Prosa e poemas*, Aleksandr Púchkin, tradução de Boris Schnaiderman e Nelson Ascher. São Paulo: Editora 34, 2018 (4ª edição); *Uma africana no Louvre*, Anne Lafont, tradução de Ligia Fonseca Ferreira. São Paulo: Bazar do Tempo, 2022; *O desenho do tempo: memórias*, Nora Rónai. São Paulo: Bazar do Tempo, 2020; *Memórias de um lugar chamado onde*, Nora Rónai. Rio de Janeiro: Casa da Palavra, 2014; *Rosa & Rónai*, Paulo Rónai. São Paulo: Bazar do Tempo, 2020; *O que aconteceu, aconteceu*, J. Guinsburg. São Paulo: Ateliê Editorial, 2001; *Caderno italiano*, Boris Schnaiderman. São Paulo: Perspectiva, 2015; *Não perca o seu latim*, Paulo Rónai. São Paulo: Bazar do Tempo, 2020; *O homem que aprendeu o Brasil*, Ana Cecilia Impellizieri Martins. São Paulo: Todavia, 2020; *Frantz Fanon: um retrato*, Alice Cherki. São Paulo: Perspectiva, 2022; *Os condenados da terra*, Frantz Fanon. São Paulo: Zahar, 2022; *Um Exu em Nova York*, Cidinha da Silva. Rio de Janeiro, Pallas, 2018; *Pichón: minha vida e a revolução cubana*, Carlos Moore. B. Horizonte: Nandyala, 2018; *Do partido único ao stalinismo*, Angela Mendes de Almeida. São Paulo: Alameda Editorial, 2021; *Toda poesia*, Paulo Leminski. São Paulo: Cia. das Letras, 2013; *Jardim de Haijin*, Alice Ruiz S. São Paulo: Iluminuras, 2000; *Biografia do língua*, Mario Lucio Sousa. Lisboa: Dom Quixote, 2015; *Ame e dê vexame*, Roberto Freire. São Paulo: Master Pop, 2013; *Selva*, Paulo Freire. Rio de Janeiro: Bambual Editora, 2021; *Sur les pas de Rûmi*, Nahal Tajadod. Paris: Albin Michel, 2013; *Bedouin Poetry*, Clinton Bailey. Londres: Saqi Books, 2002; *Espelho índio*, Roberto Gambini. São Paulo: Axis Mundi, Terceiro Nome, 2000; *Minha Família Enauenê*, Rita Carelli. São Paulo: FTD, 2018; *Palavra cigana*, Florencia Ferrari. São Paulo: Cosac & Naify, 2005; *Latcho Drom*, Tony Gatlif. Paris: KG Editions, 1993 (DVD); *Tsiganes*, Jan Yoors. Paris: Editions Payot et Rivages, 1995; *Les Romantiques*, Nazim Hikmet. Paris: Les Éditeurs Français Réunis, 1964; *Passeport à l'iranienne*, Nahal Tajadod. Paris: JC Lattès, 2007; *O padre do ouro*, Adão Pinheiro. Recife: Secretaria da Cultura, 1998; *Vuelta*, Octavio Paz. Planeta Publishing, 2018; *Os passos perdidos*, Alejo Carpentier. São Paulo: Martins Fontes, 2009;

La porte du soleil, Elias Khoury. Arles: Actes Sud/Babel, 2003; *La fine del canto*, Dovid Bergelson. Veneza: Marsilio Editori, 2001; *The Blindfold Horse*, Shusha Guppy. Londres/N.York: Tauris Parke Paperbacks, 2004; *La terre nous est étroite et autres poèmes*, Mahmoud Darwich. Paris: Gallimard, 2000; *Jó*, Joseph Roth. São Paulo: Cia. das Letras, 2008; *Palestine mon pays*, Mahmoud Darwich. Paris: Minuit, 1988; *A imensidão íntima dos carneiros*, Marcelo Maluf. São Paulo: Reformatório, 2015; *Oganilu, o caminho do Alabê*, Vitor da Trindade. São Paulo: Independente, 2019; *The Sheltered Quarter*, Hamza Bogary. Austin: University of Texas Press, 1991; *The Perceiving Fingers*, J. Swaminathan. Bhopal: Bharat Bhavan, 1987; *The Complete Poems*, Anna Akhmatova. Brookline: Zephyr Press, 2000.

Imagens miolo

P88 - *Adão Pinheiro*, Maria Lêda Oliveira et al. Recife: CEPE, 2022; *Die Tuparí*, Franz Caspar. Berlin: W de G, 1975; *Hommage aux Mains*, Octavio Paz. Lausanne: Ides et Calendes, 1974; *Orixás*, Pierre Fatumbi Verger. Salvador: Corrupio, 2005; *Palestinian Costume*, Shelagh Weir. London: British Museum Publications, 1989; *A infância de Portinari*, Mário Filho. Rio de Janeiro: Edições Bloch, 1966.

P90 – *A busca*, Maria Julieta Drummond de Andrade. Rio de Janeiro: Livraria José Olympio Editora, 1981.

P91 – *Agbalá: um lugar-continente*, Marilda Castanha. São Paulo: Cosac & Naify, 2008; *Henriqueta Lisboa: Poesia - Obra completa v. 1*, H. Lisboa, org. Reinaldo Marques e Wander M. Miranda. São Paulo: Peirópolis, 2020; *O trapo e a faca*, Lúcia Fabrini de Almeida. São Paulo: Terceira Margem, 2017.

P92 – *La princesse de Clèves*, Madame de La Fayette. Lausanne: Mermod, 1947.

P93 – *La poésie de Sapho*, André Bonnard. Lausanne: Mermod, 1948.

P94 – *Canções*, Cecília Meireles. Rio de Janeiro: Livros de Portugal, 1956.

P95 – *La cuestión agraria*, V. I. Lenin. Buenos Aires: Editorial Cronos, 1936.

P96 – *Com a palavra, Luiz Gama*, Ligia Fonseca Ferreira. São Paulo: Imprensa Oficial, 2011; *Primeiras trovas burlescas*, Luiz Gama. São Paulo: Martins Fontes, 2019; *Luiz Gama: a saga de um libertador*, Magui. São Paulo: Peirópolis, 2021.

P97 – *Primeiras trovas burlescas de Getulino*, Luiz Gama. São Paulo: Typographia Dous de Dezembro, 1859 (1ª ed.); ______________. Rio de Janeiro: Typ. de Pinheiro & Cia., 1861 (2ª ed.).

P102 – *Destaques da Biblioteca InDisciplinada de Guita e José Mindlin*, José Mindlin. São Paulo: Edusp, 2005 (box 2 vols.); *Destaques da Biblioteca Brasiliana InDisciplinada de Guita e José Mindlin*, José Mindlin. São Paulo: Edusp, 2013; *Highlights from the Brasiliana Library Guita and José*

Mindlin, José Mindlin. São Paulo: Edusp, 2013; *Guita e José Mindlin: Matrizes e Gravuras*, Jacob Klintowitz (apres.) – catálogo "Os colecionadores". São Paulo: Leo Burnett e Centro Cultural FIESP, 1998; *"Não faço nada sem alegria": a biblioteca indisciplinada de Guita e José Mindlin*. São Paulo: Museu Lasar Segall, 1999; *Uma vida entre livros*, José Mindlin. São Paulo, Edusp, 2008; *Reinações de José Mindlin, por ele mesmo*, José Mindlin. São Paulo: Ática, 2008; *Cartas da Biblioteca de Guita e José Mindlin*, Elisa Nazarian (org.). São Paulo: Terceiro Nome, 2008; *Conversa de dois Josés*, José Carlos Sebe Bom Meihy e José Mindlin. São Paulo, Imprensa Oficial, 2020.

P107 – *Itinerário do Rio de Janeiro ao Pará e Maranhão, pelas provincias de Minas Geraes e Goiaz*, Raimundo José da Cunha Mattos. Rio de Janeiro: Typ. Imperial e Constitucional de J. Villeneuve e Cia., 1836.

P110 – *Unwritten Stories of the Suruí Indians of Rondônia*, Betty Mindlin and Suruí narrators. A. Austin: University of Texas Press, 1996; *Couro dos espíritos*, Betty Mindlin, Digüt Tsorabá, Sebirop Catarino e outros narradores Gavião-Ikolen. São Paulo: Senac, Terceiro Nome, 2001; *Diários da floresta*, Betty Mindlin. São Paulo: Terceiro Nome, 2006; *Crônicas vestidas e despidas*, Betty Mindlin. São Paulo: Contexto, 2017; *Tuparis e Tarupás*, Betty Mindlin. São Paulo: Brasiliense, Edusp, 1993; *Terra grávida*, Betty Mindlin e narradores indígenas. Rio de Janeiro: Rosa dos Tempos, 1999; *Vozes da origem*, Betty Mindlin e narradores Suruí. São Paulo: Ática, 1996; *O ventre emplumado*, Betty Mindlin. São Paulo: Edição da Autora, 2016; *Nós Paiter: os Surui de Rondônia*, Betty Mindlin. Petrópolis: Editora Vozes, 1985.

P111 – *Mariti alla brace*, Betty Mindlin e i narratori indigeni. Bologna: La Linea, 2012; *Moqueca de maridos*, Betty Mindlin e narradores indígenas. Rio de Janeiro: Rosa dos Tempos, 1997; *Moqueca de maridos*, Betty Mindlin e narradores Makurap, Tupari, Wajuru, Djeoromitxi, Arikapu e Aruá. São Paulo: Paz & Terra, 2014; *Barbecued Husbands*, Betty Mindlin and Indigenous Storytellers. London/N. York: Verso, 2002; *Moqueca de maridos, mitos eróticos*, Betty Mindlin e narradores indígenas. Lisboa: Editorial Caminho, 2003; *Der gegrillte Mann*, Betty Mindlin. Zürich: Unionsverlag Taschenbücher, 2006, 2008; *Relatos eróticos indígenas*, Betty Mindlin y narradores indígenas. Barcelona: El Aleph, 2005.

Todas as imagens de capas e lombadas inseridas nesta obra são do acervo pessoal da autora. Para sua reprodução, solicitamos a devida autorização de suas editoras.

Este livro foi impresso na primavera de 2025
nas oficinas da Piffer Print em papel off-set 90 g/m².